ANDREAS BOPPART

W0076322

VOLL IN DIE BIRNE

52 Powerandachten für Hirn & Herz

GerthMedien

© 2012 Gerth Medien GmbH, Dillerberg 1, 35614 Asslar

Die Bibelzitate in diesem Buch sind folgenden Übersetzungen
entnommen:
Lutherbibel, revidierter Text 1984, durchgesehene Ausgabe in neuer
Rechtschreibung. © 1999 Deutsche Bibelgesellschaft Stuttgart (LUT)
Bibeltext der Neuen Genfer Übersetzung – Neues Testament und Psalmen
Copyright © 2011 Genfer Bibelgesellschaft, Genf (NGÜ)
Neues Leben. Die Bibel, © 2002 und 2006 SCM R. Brockhaus
im SCM-Verlag, Witten (NL)

4. Auflage 2016
Bestell-Nr. 816737
ISBN 978-3-86591-737-9

Umschlaggestaltung: Immanuel Grapentin
Umschlagfoto: Shutterstock
Satz: Marcellini Media GmbH, Wetzlar
Druck und Verarbeitung: GGP Media GmbH, Pößneck
Printed in Germany

www.gerth.de

Inhalt

Vorwort

Das hier ist nur ein Buch. Nichts weiter. Bestimmt hast du schon bessere gelesen – außer es ist dein erstes. Aber womöglich auch schon schlechtere, bei denen du irgendwo mittendrin abgebrochen hast. Was dieses Buch aber hat, ist das Potenzial, dein Leben zu verändern. Bleibend. Denn hinter vielen scheinbar nebensächlichen Erlebnissen und Gedanken stecken Dinge, die Gott persönlich in mein Leben gezeichnet hat. Und wenn du auch schon irgendwo in deinem Leben Gottes Handschrift entdeckt hast, weißt du, wovon ich rede: Solche Momente werden oft zu einem „point of no return". Einem Punkt, an dem es kein Zurück mehr gibt, sondern nur noch ein Vorwärts. Wenn wir einmal begriffen haben, was Gott mit uns und unserem Leben vorhat, dann können wir höchstens noch gegen unser Gewissen ankämpfen und so tun, als wären wir schwer von Begriff und hätten überhaupt nix kapiert. Aber das ist anstrengend und schwierig – denn allein ein einzelner Vers aus der Bibel reicht, um uns total auszuknocken. Das findest du unglaublich? Nehmen wir zum Beispiel 1. Johannes 2,6 (NL): „Wer behauptet, dass er zu Gott gehört, soll leben, wie Christus es vorgelebt hat." Das hat man rasch gelesen, schnell abgenickt – und auch schon wieder vergessen.

Wenn du dir Zeit nimmst zu überlegen, wer dieser Jesus war, dann knallt das voll in die Birne. Denn Jesus war ein Mann, der mit all den Außenseitern der Gesellschaft Zeit verbracht und mit ihnen gegessen hat, der Menschen in ihrem Dreck umarmt hat, der Leute geheilt hat, der ihnen vom himmlischen Vater und der wunderbaren Zukunft erzählt hat. Der mitten in ihre größten Nöte hineingekommen ist und diese verändert hat, der sein Leben hingegeben hat für die Menschen. Und der sogar die Menschen geliebt hat, die nichts mit ihm zu tun haben wollten und ihn schließlich umbrachten. Fakt ist: Wenn du dir vor diesem Hintergrund den obigen Vers auf der Zunge zergehen lässt, dann haut das voll rein! *Wer behauptet, dass er zu Gott gehört, soll leben, wie Christus es vorgelebt hat.* Sieht dein Leben so aus? Verbringst du Zeit mit den Außenseitern, mit denen, die keiner mag? Betest du für Menschen, damit sie geheilt werden? Erzählst du von einem wunderbaren himmlischen Vater, der mit offenen Armen auf uns wartet und in seiner Liebe zu uns fast vergeht? Schwärmst du von einer Zukunft, die so abartig schön und unvorstellbar ist, dass schon ein einziger Gedanke daran unsere Socken verpuffen lässt? Suchst du im Alltag nach den größten Nöten deiner Freunde und Nachbarn und bist da, um ihnen zu helfen? Verschenkst du dich an deine Mitmenschen?

Mark Twain hat mal gesagt: „Nicht jene Teile der Bibel, die ich nicht verstehe, machen mir Angst, sondern die Teile, die ich verstehe."

Bei der Sache mit dem Glauben geht es in erster Linie nicht um die komplizierten Dinge, um hochtrabende theologische Erkenntnisse oder unerreichbar hohe Hürden, sondern um das, was naheliegt. Wenn du das Leben von Jesus betrachtest und dann diesen Vers aus 1. Johannes noch einmal liest, dann gibt es keine Ausrede mehr. Dann kannst du dir höchstens noch wünschen, du hättest diese Zeilen in der Bibel niemals entdeckt – aber es gibt kein Zurück. Der Vers wird zu einem „point of no return".

Und wenn dieses Vorwort alles ist, was du von diesem Buch lesen wirst, hat dieses Buch trotzdem noch genügend

Power, dein ganzes Leben für immer zu verändern. Dieser eine Vers reicht. Denn Jesus nachzufolgen bedeutet mehr, als einfach nur ein bisschen an ihn zu glauben. Oder am Sonntag ein wenig „Gottesdienst zu spielen". Oder in die Jugendgruppe zu gehen und sich „christlich" zu verhalten. Es bedeutet viel mehr! Gott lädt dich ein, dich auf ein Abenteuer einzulassen und zu einer Entdeckungsreise aufzubrechen, die dein Leben immer mehr umkrempeln wird. Die dich das Leben finden lässt, das das Wesen von Jesus maximal widerspiegelt.

Ich habe mich gewagt, dieses Abenteuer einzugehen. Was ist mit dir? Traust du dich loszugehen? Ganz bestimmt wird deine Reise ganz anders ablaufen als meine. Und das ist gut so. Der springende Punkt wird sein: Wenn du dich tatsächlich entscheiden solltest, ein paar weitere Zeilen in diesem Buch zu lesen und dir dann irgendeine Aussage „voll in die Birne" knallt – bist du dann auch bereit, es bis in dein Herz rutschen zu lassen?

Dies ist nur ein Vorwort. Bestimmt hast du schon bessere gelesen. Wahrscheinlich auch schon schlechtere. Aber es kann zum besten Vorwort deines Lebens werden, wenn du 1. Johannes 2,6 wirklich ernst nimmst.

Ich wünsche dir den Mut, dich nicht bequem mit Mittelmäßigem zufrieden zu geben, wenn du die Option hast, alles aus deinem Leben rauszuholen! Und viel Spaß beim Lesen natürlich. Unter jeder Andacht findest du Impulse, mit denen du den Inhalt der Andacht weiter vertiefen kannst. Neben einem Bibelvers gibt es einen Impuls zum Nachdenken (Symbol „Denkblase"), einen Aktionsimpuls („Zahnrad-Symbol") sowie weitere angegebene Bibelstellen zum Nachschlagen (Symbol „Fähnchen").

Boppi

1. Das Kioskproblem

Während meiner vier Jahre Gymnasium musste ich mit dem Zug die Strecke von meinem Wohnort zum Gymi bewältigen. Diese knappe Viertelstunde war immer eines der am meisten mit Emotionen geladenen Zeitfenster des ganzen Tages. Im Zug wurde mir regelmäßig bewusst, was ich alles *nicht* für die bevorstehende Matheprüfung gelernt hatte. Und ich versuchte panisch, in ein paar Minuten den Stoff noch irgendwo in einen freien Winkel unter die Hirnrinde reinzudrücken. Meinen Puls aber so richtig auf 180 brachten unsere Sprintereien vom Gymnasium bis zum Zug. Da Schweizer Züge nach Schweizer Uhren fahren, konnte man sich genau ausrechnen, wie viele Minuten und Sekunden man noch zur Verfügung hatte. Eines Tages war ich mit meinem Freund wieder einmal am Rennen, als ginge es nicht einfach nur darum, eine Stunde früher zu Hause zu sein, sondern um den Fortbestand der menschlichen Spezie! Uns war rein rechnerisch klar, dass wir diesen Zug sowieso verpassen würden. Trotzdem sprinteten wir wie Roadrunner mit sieben Red Bull intus und schlugen uns mit den Fersen beinahe den Hinterkopf wund, während wir gleichzeitig aufpassen mussten, uns gegenseitig nicht auf die Zunge zu treten. Keine Ahnung warum, aber als wir beim Kiosk ankamen, der nur wenige Meter neben dem Gleis stand, war unser Zug immer noch da und die Uhr zeigte noch satte 35 Sekunden bis zur Abfahrtszeit an. Wir waren Helden! Natürlich musste dieser Sieg gefeiert werden – also fielen wir über die Auslage des Kioskes her und deckten uns mit allen möglichen

Glückshormon-Förderprodukten ein. Als wir uns umdrehten, um einzusteigen, war der Zug abgefahren.

Da hatten wir alles gegeben, und als wir unserem Ziel so nahe waren, vergaßen wir völlig, warum wir eigentlich gerannt waren. Im Urlaub in Uganda haben wir mal eine Antilopenart gesehen, von der uns der Wildhüter erzählte, dass sie ein unglaublich kleines Hirn hat. Wenn sie einen Löwen sieht, sprintet sie dreißig Meter weg, um dann wieder friedlich zu grasen, weil sie völlig vergessen hat, warum sie eigentlich gerannt war! Genau so ging es uns, als wir mit den Süßigkeiten in den Händen vor dem leeren Gleis standen. Kurz vor dem Ziel hatten wir das Ziel aus den Augen verloren.

Wie im Leben der Antilope kann kurzsichtiges Handeln auch in unserem Leben verheerende Konsequenzen haben. Was, wenn du zum Beispiel bei der eigenen Hochzeit vor dem Traualtar stehst und plötzlich keine Ahnung mehr hast, warum du diese Frau neben dir überhaupt heiraten willst? Oder wenn du mit dem Fahrrad auf eine Kreuzung zufährst und erst beim Überfahren des Verkehrspolizisten merkst, dass du eigentlich rechts abbiegen wolltest?

König Salomo, der vor circa 3.000 Jahren lebte, musste auch mit den Konsequenzen seines Tuns leben. Mit dem Erbe seines Vaters David startete er krass durch. Er baute ein gewaltiges Reich Israel auf, vertraute in allem auf Gott, wurde berühmt für seine Weisheit, seine Macht und seinen Reichtum und bekam von Gott obendrauf ein langes Leben verheißen. Aber dann starb er doch schon mit etwa 60 Jahren. Was war passiert? Irgendwann wurde Salomo von der süßen Auslage des Kiosks abgelenkt und verlor sein Ziel, Gott mit ungeteiltem Herzen zu dienen, aus den Augen. Die „süße Auslage" waren in seinem Falle die vielen ausländischen Frauen, die ihre eigenen Götter anbeteten. Die Konsequenzen, die er zu spüren bekam, waren heftig: Die Verheißung eines langen

Lebens traf nicht ein. Das gewaltige Reich, das er und sein Vater aufgebaut hatten, fiel völlig auseinander.

Wenn es sogar dem weisesten König aller Könige passierte, dass er seine Ziele aus den Augen verlor, wieso sollten wir – du und ich – dann vor dieser Gefahr geschützt sein?

Was ist in deinem Leben die „Kiosk-Auslage", die dich immer wieder davon abbringt, mit ungeteiltem Herz an Gott dranzubleiben? Sind es Zweifel am Glauben, Frust über dich selber, Enttäuschungen beim Beten, die Versuchung, immer wieder bestimmte Sexseiten im Internet anzuschauen? Ist es der Drang, wichtige Entscheidungen ohne Gott zu treffen oder der Gedanke, dass die Sache mit Gott doch gar nicht so wichtig ist und man es locker sehen sollte? Auch andere Menschen können dich davon abbringen, das zu erreichen, was du dir vorgenommen hast. Ist mir schon passiert: Eigentlich wollte ich sparen, aber der Verkäufer einer Stereoanlage überredete mich zu irgendeinem doofen Knebelvertrag, bei dem ich noch fünf Jahre lang zahlen musste. Ganz bestimmt kommt auch bei dir genau in dem Moment, in dem du was ganz Wichtiges geplant hattest, was in die Quere. Du willst deiner Mama noch zum Geburtstag gratulieren oder mal Zeit mit Gott verbringen, aber dann kommt ein Freund, der dich bei irgendeinem wichtigen Spiel auf Facebook dabei haben will, oder eine E-Mail, die dir logisch verklickert, welches Video du genau *jetzt* gesehen haben musst, damit du am Abend glücklich einschlafen kannst. Und du klickst dich rein, anstatt deinem Vorhaben treu zu bleiben ...

Unser Leben ist vollgepflastert mit Versuchungen und Ablenkungen. Auch unsere Beziehung zu Gott ist davor nicht verschont. Aber wir können uns immer wieder neu auf unser Ziel ausrichten und Gott bitten, uns zu helfen, an ihm dranzubleiben!

Geschwister, ich bilde mir nicht ein, das Ziel schon erreicht zu haben. Eins aber tue ich: Ich lasse das, was hinter mir liegt, bewusst zurück, konzentriere mich völlig auf das, was vor mir liegt, und laufe mit ganzer Kraft dem Ziel entgegen, um den Siegespreis zu bekommen – den Preis, der in der Teilhabe an der himmlischen Welt besteht, zu der uns Gott durch Jesus Christus berufen hat.

Philipper 3,13–14 (NGÜ)

Sprintest du in deinem Glauben immer noch zielgerichtet vorwärts oder speichelst du gerade die Auslage des Kiosks voll? Wo und in welchen Situationen läufst du Gefahr, Gott aus den Augen zu verlieren? Was sind bei dir die „süßen Versuchungen", die dich davon abhalten wollen, in den Zug einzusteigen? Welche Menschen helfen dir, den Zug zu erreichen, und welche wollen dich nach dem Kioskbesuch auch noch gleich in den McDonalds mitnehmen?

Nimm dir diese Woche etwas vor, dass du schon länger mal machen wolltest und zieh es durch. Schreib heute einer Person eine SMS, die dich im Glauben motiviert und versuch sie wieder einmal zu treffen.

Josua 1,8; Psalm 27,4; 1. Korinther 9,24–27; Hebräer 2,1

2. Der Rüssel-Esel

Nadja wuchs wohlbehütet gemeinsam mit ihren beiden älteren Schwestern auf. Als jüngste von drei Schwestern eiferte sie täglich ihren größeren Vorbildern nach, die bereits zur Schule gehen durften. Wie ein Staubsauger saugte sie alle Wörter und Begriffe ein, die ihre Schwestern und die Eltern während des Tages so von sich gaben, und klebte diese in ihr imaginäres Wortschatz-Heftchen in ihrem Kopf. Ihr Leben wäre weiterhin so ereignislos und friedlich dahingedümpelt, wenn es nicht eines Tages durch ein gedankenloses Späßchen ihres Vaters aus den Fugen geraten wäre. Durch einen Joke, mit dem sie später im Kindergarten eine zoologische Nullnummer hinlegte. Angefangen hatte alles mit einer harmlosen Tierdokumentation aus Afrika im Vorabendprogramm. Als plötzlich ein riesiges, graues Tier auf der Bildfläche erschien, sagte Papa total aufgeregt zu Nadja: „Hast du den großen Esel gesehen?!" Es blieb aber nicht bei diesem einmaligen Scherz. Der Satz entwickelte sich zu einer Art Running Gag: Immer, wenn irgendwo das berüsselte Wesen auftauchte, nannte Nadjas Vater es „Esel". Die kleine wissbegierige Nadja, die in einem früheren Leben vielleicht mal ein Schwamm gewesen war, sog das ungefiltert und gierig auf und freute sich, wieder etwas Neues gelernt zu haben, mit dem sie bei ihren Freunden brillieren konnte. Was sie nicht ganz so raffte, war, warum die ganze Familie nach Papas Kommentar immer so komisch kicherte – aber es kümmerte sie ehrlich gesagt auch nicht weiter, weil sie viel zu beschäftigt damit war, dieses faszinierende Rüssel-Esel-Tier irgendwo sauber in ihrem Hirn-Wissenskästchen zu platzieren.

Einige Zeit später durfte Nadja in den Kindergarten, und wie das Leben so spielt, holte sie bald ihre Vergangenheit ein: Die Kindergärtnerin zeigte eines Tages ein Bild dieses grauen Riesenviehs, das Nadja inzwischen so ins Herz geschlossen hat. Klein-Nadja konnte ihre Begeisterung über das Bild nicht zurückhalten und prustete in voller Laustärke in die Runde: „Das ist ein Esel!" Während die Kindergartengruppe losbrüllte vor Lachen, saß Nadja verstört auf ihrem Stühlchen und fragte sich, was sie gerade verpasst hatte. Wie hätte sie denn auch erahnen können, dass das Tier schon damals in der Fernsehsendung ein Elefant gewesen war, und dass ihr Papa, dem sie blindlings vertraute und der ihr so viel beigebracht hatte, sie diesbezüglich nur verschaukelt hatte?

Nadja entdeckte an diesem Tag eine wichtige Grundwahrheit des Leben: Wissen ist immer nur eine Frage des Glaubens und des Vertrauens. Alles, was ich weiß, weiß ich nur, weil ich mich irgendwann entschieden habe, es zu glauben. Dass die beiden Lappen, die da links und rechts von meinem Kopf hängen, zwei Ohren sind, weiß ich, weil ich den Leuten geglaubt habe, die mir das so gesagt haben. Das 2 + 2 = 4 ist, weiß ich, weil ich meinem Grundschullehrer geglaubt habe. Dass es rund um uns herum Planeten gibt, weiß ich nur, weil ich irgendwelchen Medien und Bildern geglaubt habe – meinen Fuß habe ich selber ja noch nie auf einen anderen Planeten gesetzt. Dass es das Matterhorn, die Slums in Äthiopien und die Nordsee wirklich gibt, weiß ich nur, weil ich mich entschieden habe, meinen Augen zu glauben, als ich leibhaftig davor stand. Scheint naheliegend zu sein, aber wer schon mal optische Täuschungen betrachtet hat, weiß, dass auch die eigenen Augen uns manchmal verschaukeln. Mein

Wissen ist lediglich eine Ansammlung von Entscheidungen, jemandem oder etwas zu glauben.

Genau deshalb macht es keinen Sinn zu sagen: „Ich will nicht an Gott glauben, weil glauben mir zu vage ist – ich verlass mich nur auf meinen Verstand und mein Wissen." Verstand ist super, den hat Gott uns ja auch zum Gebrauchen gegeben. Aber schlussendlich bleibt es eine Entscheidung, ob wir an die Realität Gottes glauben wollen oder nicht. Genauso, wie wir in unserem Leben täglich auch „Glaubensentscheidungen" treffen – die dann unser Wissen ausmachen.

Was spricht also dagegen, nicht mutig zu entscheiden, an den Gott zu glauben, der in der Schöpfung und in deinem Leben, in den großen Dingen wie auch in den winzigen Details sichtbar wird? Wer sich nur auf das verlässt, was er sieht und anfassen kann, kriegt spätestens dort ein Problem, wo ihn seine Sinne im Stich lassen – dazu reicht nämlich schon eine optische Täuschung oder eine Fata Morgana.

Verlass dich auf den Herrn von ganzem Herzen, und verlass dich nicht auf deinen Verstand, sondern gedenke an ihn in allen deinen Wegen, so wird er dich recht führen.*

Sprüche 3,5–6 (LUT)

 Welchen Aussagen, die Gott oder die Bibel betreffen, vertraust du? Was hast du dich entschieden, *nicht* zu glauben? (Und dabei verwechselt, dass alles Wissen letzten Endes mit Glauben zu tun hat?) Vielleicht die Wunder, von denen in der Bibel berichtet wird? Die Berichte darüber, auf welche erstaunliche Weise Jesus Menschen geheilt hat? Dass Gott die Welt geschaffen hat – und dass sie nicht durch Zufall entstanden ist?

 Schreib ein Versprechen aus der Bibel, das Gott uns macht (beispielsweise Johannes 7,38: „Wer an mich glaubt, wie die Schrift sagt, von dessen Leib werden Ströme lebendigen Wassers fließen.") und das du für dich in Anspruch nehmen willst, auf ein Kärtchen und kleb es an deinen Spiegel. Entscheide dich, Gott beim Wort zu nehmen. Du kannst auch einfach einen Bibelvers nehmen, der dir sehr viel bedeutet oder der dich sehr herausfordert, Gott mehr zu vertrauen.

 Matthäus 14,22–33; Hebräer 11,1+6

---

* Das heißt jetzt natürlich nicht, dass du nicht mehr deinen Verstand einzuschalten brauchst. Gott hat uns ja inklusive Gehirn geschaffen. Lies mal Sprüche 16,22! Glaube und Verstand, Naturwissenschaft und Schöpfung schließen sich im Übrigen auch nicht aus!

3. Der Superdaddy

Ich bin Papa geworden. Irgendwie wusste ich schon immer, dass ich das mal sein wollte, aber es war gleichzeitig auch immer so weit weg. Und plötzlich war sie da – meine Tochter! Natürlich nicht ganz so plötzlich, da gingen noch ein paar andere Dinge voraus und so was geschieht ja dann doch nicht von heute auf morgen. Aber die Geburt ging tatsächlich ziemlich rasch vonstatten – und fast augenblicklich war sie da. Ich hielt meine eigene Tochter zum ersten Mal in meinen Armen. Und was macht man dann? Man nimmt dieses fremde und hilflose Persönchen mit nach Hause und lernt sich kennen – und unglaublich lieben. Ich hatte da Gefühle in Regionen meines Herzens, ohne je gewusst zu haben, dass diese Bereiche bei mir überhaupt existieren. Papa liebt Tochter. Da klickt so was wie ein Schalter um im Herz. Ich liebe meine Tochter abgrundtief. Und das erstaunliche daran ist: Sie hat nichts dafür getan! Im Gegenteil. Sie stinkt, sie kackt sich voll, sie macht Lärm, sie raubt mir den Schlaf, sie beschneidet meine Freiheiten, sie zwingt mich, stundenlang Vorzüge von irgendwelchen langweiligen Kinderwagen zu vergleichen, sie kotzt regelmäßig meine Shirts voll, aber weißt du was? Ich liebe sie mit einer unglaublichen Power! Das hat Gott so wunderbar eingerichtet. Ich liebe sie, weil sie meine Tochter ist. Nicht, weil sie mich jeden Tag zum Schmelzen süß angurgelt, jetzt wo sie ein wenig älter ist, oder mir entgegen springt, um mich zu umarmen, wenn ich nach Hause komme. Ich liebe sie, ohne dass sie etwas dafür tun kann. Bedingungslos. Natürlich gibt es viele andere

Momente, in denen ich an meine Grenzen stoße und am liebsten ausflippen würde. Einfach, weil ich eben ein Mensch bin. Aber am Ende siegt immer wieder meine Liebe.

Wenn schon ich mit meiner menschlichen Begrenztheit das hinkriege, wie viel mehr muss Gott, der Vater im Himmel, uns, seine Kinder, lieben (Hammermessage aus Matthäus 7,11)? Allein der Gedanke daran jagt mir einen sanften Ehrfurchtsschauer über den Rücken – mir, der sich oft überhaupt nicht liebenswert verhält. Der sich tagelang nicht bei ihm meldet, ihn ignoriert, genau das Gegenteil von seinen gut gemeinten, weisen Ratschlägen macht, ihn mit seiner Sünde „vollstinkt" und ihn täglich in irgendeiner Hinsicht enttäuscht. Aber nichts kann Gott davon abhalten, mich von ganzem Herzen zu lieben. Weil ich sein Kind bin.

Und genauso ist es mit dir auch. Du kannst ihn gar nicht dazu bringen, dich *nicht* mehr zu mögen. Vor allem musst du das auch nicht. Denn Gott liebt dich abgrundtief!

Ich habe dich schon immer geliebt. Deshalb habe ich dir meine Zuneigung so lange bewahrt.

Jeremia 31,3 (NL)

 Wo hast du schon erlebt, dass du einfach geliebt wurdest, weil du bist, wie du bist? Welcher Mensch hat dir das am eindrücklichsten vermittelt? Und wo hast du das schon erlebt, dass du jemandem Liebe gezeigt hast – einfach so?

 Lass dich von Gott „einfach so" lieben und gib sie den Menschen in deinem Umfeld weiter – einfach so! Was könntest du der Person sagen bzw. was könntest du für sie tun?

 Zefanja 3,17; Johannes 15,9; 1. Johannes 4,10

4. Gottes Liebe ist wie der Bodensee

Stell dir vor, der Bodensee ist völlig trocken. Kein Tropfen Wasser kommt da den Rhein runter, du kannst einfach von der einen Seite auf die andere watscheln. Aber all die nach Hilfe schnappenden Fische, die da so im Schlamm zappeln, brechen dir das Herz. Also krallst du dir das nächstgreifbare Gefäß, das du am Ufer findest – einen Nachttopf mit der Aufschrift „I love Daddy" – sprintest zu einem Wasserhahn und beginnst euphorisch, Wasser in den See zu tragen.

Da der See an die 50 Milliarden Kubikmeter Wasser fasst und du mit deinem Töpfchen pro Minute einen Liter da reinkippst, bist du doch ein paar Stündchen beschäftigt. Nehmen wir an, dass da weder was versickert, verdunstet noch abfließt und du mit einer unglaublichen Power mit deinem Topf hin- und herrennst – und du auch gar nie 'ne Pause brauchst (zum Pinkeln hast du ja was dabei), dann würdest du in einer Stunde 60 Liter in den leeren See kippen. An einem Tag hättest du 1.440 Liter geschafft und in einer Woche immerhin 10.080 Liter ... damit hättest du schon mal an die 70 normalgroße Badewannen gefüllt.

Um die ganzen 50 Milliarden Kubikmeter Wasser in den See zu schütten, bist du exakt 34.722.222.222 Tage beschäftigt. Das sind mehr als 95.000.000 Jahre, falls du dir das besser vorstellen kannst. Heftig, nicht wahr? Selbst wenn du einen Hundert-Liter-Nachttopf genommen hättest (also einen speziell für Elefanten), müsstest du rund eine Million Jahre alt werden, um dieses Projekt zu einem erfolgreichen Abschluss zu führen. Und hättest natürlich dann Mukis wie Schwarzenegger zu seinen besten Zeiten.

Das Problem ist: Du kannst den See nicht füllen. Denn er ist für Flüsse gemacht, die viel mehr Volumen Wasser ranschaffen. Und genauso ist es auch mit unserem Herzen. Unser Herz wurde nicht für diese Welt geschaffen, sondern für eine Ewigkeit in der Gegenwart Gottes. Es heißt in der Bibel (Prediger 3,11), dass er die „Ewigkeit in dein Herz gelegt hat". Dein Herz ist wie der Bodensee, riesig groß, damit es die Liebe Gottes auffangen kann. Und dieser Liebesstrom hat mehr Wucht als der Rhein nach zwei Wochen Dauerregen! Wenn du versuchst, dieses Loch im Herzen selber zu füllen, wirst du kläglich scheitern. Du kannst dir so viel Geld anhäufen, wie du nur kriegen kannst, mit unendlich vielen Leuten Sex haben, irgendwelche Suchtmittel konsumieren, die ganze Welt durch Hilfsprojekte retten oder dich als großer Erfinder in der Geschichte verewigen – nichts wird diesen Sehnsuchtssee in dir füllen. Denn was du auch tust: damit füllst du nur t(r)öpfchenweise dein leeres Herz. Deine einzige Chance ist es, wenn du das realisierst und deine Sehnsüchte von Gott stillen lässt. Such dir nicht Anerkennung bei Menschen. Such sie dir bei Gott. Erwarte nicht, dass dein Partner dich einmal zum glücklichsten Menschen der Erde macht – erwarte das nur von Gott. Denn an diesen Erwartungen werden dein Gegenüber und eure Beziehung sonst zerbrechen. Gott ist die Liebe (nachzulesen in 1. Johannes 4,8). Er schöpft aus dem Vollen, wenn es darum geht, deinen Herzenssee zu betanken!

Gott, mein Gott bist du, dich suche ich. Wie ein Durstiger, der nach Wasser lechzt, so verlangt meine Seele nach dir. Mit meinem ganzen Körper spüre ich, wie groß meine Sehnsucht nach dir ist in einem dürren, ausgetrockneten Land, wo es kein Wasser mehr gibt.

Psalm 63,2 (NGÜ)

Wo suchst du nach der Erfüllung deiner Sehnsüchte? Wer begreift, dass es zuerst darauf ankommt, dass Gott uns liebt, und nicht meint, dass wir etwas dazutun müssten, um von ihm geliebt zu werden, der hat einen wichtigen Schritt getan!

Stell dir bildhaft vor, täglich bei Jesus zur Quelle zu kommen und zu trinken – und schau mal, was in deinem Herzen passiert! Warte, bis du so richtig heftig Durst hast, und dann mach dir eine riesige Tasse von deinem Lieblingskakao (ich liebe kalte Schokolade, zu jeder Tages- und Nachtzeit), pflanz dich an deinen Lieblingsplatz und saug genüsslich die Verse ein, die unter dieser Andacht stehen.

Johannes 7,37–39; Johannes 10,10 b;
Offenbarung 7,17; Offenbarung 21,6

5. Paintballpanik

Der Polterabend eines besten Freundes sollte zum bisher härtesten Polterabend meines Lebens avancieren. Wir spielten Paintball! Wobei ich das Wort „spielen" im Zusammenhang mit Paintball völlig unangebracht finde. Bei diesem Game schießen zwei Teams mit Gewehren Farbkugeln aufeinander. Diese Kugeln sind rund 3,3 Gramm schwer und erreichen eine Geschwindigkeit von etwa 70 Metern pro Sekunde. Das Ziel ist simpel: Es gewinnt dasjenige Team, das es schafft, alle vom gegnerischen Team mit Farbe zu bekleckern. Wir benahmen uns also richtig animalisch und markierten nicht nur den Gegner, sondern gleich das ganze Revier. Dies war reiner Selbstschutz, denn aus Furcht, so ein granatiges Geschoss gepfeffert zu bekommen, drückte man auf alles ab, was sich auch nur im Ansatz bewegte. Wenn man selber getroffen wurde, musste man das mit Handzeichen zu erkennen geben, aufstehen und aus dem Feld laufen. Leider kam es nicht nur einmal vor, dass der Getroffene beim Handheben gleich noch ne saftige Ladung abkriegte, weil hinter der ersten Kugel immer noch etwa zehn weitere sogenannte „Einfach mal zur Sicherheit, dass ich ihn wirklich erwischt habe"-Kugeln herratterten. Ich war mit dem Bräutigam im Team. Bei Runde drei erwischte mich eine Kugel seitlich am Rücken. Jaulend ergab ich mich und schleppte mich aus dem Spielfeld, als jemand bemerkte, dass der Treffer ungültig war, da an meinem Rücken gar keine Farbe klebte. Ich durfte also weitermachen, oder besser gesagt: Ich musste. Hätte dem Typen, der mich zum Reingehen gezwungen hatte, am liebsten mein ganzes Magazin auf den Rücken leergeballert. Ich beherrschte mich, lächelte gequält, hob meine Hand wie ein verängstigter Schüler in einer Physikstunde und marschierte mit Gummibeinen wieder zurück ins Kriegsgeschehen. Da geschah es. Der Moment, der mir noch Tage später Albträume bescheren sollte: Während meine Gegner mich gnädig passieren ließen, ballerte ein Spieler meines Teams aus dem Hinterhalt auf mich los. Ich warf mich zu Boden und schrie panisch: „Ich bin's! STOPP!!! NICHT SCHIESSEN!" Als ich mit meinen schlabbrigen Gelatine-Beinchen wieder aufstand, kam sofort die nächste Salve angerauscht und brach wie ein Meteoritenhagel über mich herein. Irgendwie gelang es mir, mich – ohne einen Treffer abzukriegen – wieder in den Dreck zu schmeißen. Dumm wie ich war, wagte ich einen dritten Versuch aufzustehen, nur um mich kurz darauf wieder in den Dreck ducken zu müssen. Auf dem Rücken liegend war ich dazu verurteilt, einfach abzuwarten, bis es diesen miesen Heckenschützen selbst erwischt hatte. Wie sich schließlich herausstellte, war der Schütze der Bräutigam „himself", der dummerweise seine Brille nicht auf hatte und deshalb ängstlich auf alles ballerte, was sich in seine Richtung bewegte.

Paintball ist nur ein Spiel, doch manchmal habe ich auch im realen Leben das Gefühl, mich im Kugelhagel zu bewegen. Bist du auch schon „beschossen" worden? Vielleicht mit bösen oder fiesen Worten? Ähnlich den Farbflecken beim Paintball hinterlassen solche Worte schmerzhafte Abdrücke auf der Herzensoberfläche. Mein Kollege war vor einiger Zeit in Ruanda, wo 1994 ein schlimmer Bürgerkrieg zwischen den beiden Volksgruppen Hutu und Tutsi stattgefunden hatte. Er hat dort ehemals verfeindete Menschen getroffen, die zusammen gelacht und von demselben Teller gegessen haben, obwohl der eine mehrere Familienmitglieder des anderen ermordet hatte. So was ist rein menschlich gesehen nicht möglich. Natürlich geht es in deinem Leben mit Sicherheit nicht um so heftige Sachen wie Völkermord. Aber vielleicht hast du auch schon die Feindschaft von Menschen zu spüren bekommen. Hast erlebt, wie Menschen gegen dich „geschossen" haben oder es sogar immer noch und immer wieder tun – und du fühlst nichts als Hass ihnen gegenüber. Weil es einfach nur wehtut in dir drin. Du musst auch nicht deine Gefühle ignorieren und Ungerechtes einfach schlucken. Nur: Tatsache ist auch, dass es die anderen nicht bestrafen wird, wenn du den Hass in dir am Leben erhältst. Du bestrafst damit nämlich vor allem dich – so, als würdest du Gift trinken und hoffen, dass der andere daran stirbt. Vergebung mit Hilfe von Jesus kann die größten blauvioletten Flecken auf deinem Herz heilen lassen und die tiefsten Gräben zuschütten. Lass dir ruhig Zeit beim Schaufeln. Denn Vergebung geschieht nicht von heute auf morgen. Aber es ist definitiv die beste Medizin für verwundete Herzen.

„Wenn dein Bruder sündigt, weise ihn zurecht, und wenn er sein Unrecht einsieht, vergib ihm. Selbst wenn er siebenmal am Tag gegen dich sündigt und siebenmal wieder zu dir kommt und sagt: ‚Ich will es nicht mehr tun', sollst du ihm vergeben."

Lukas 17,3 (NGÜ)

Wie gehst du mit schwierigen Situationen um? Wie reagierst du, wenn andere dich (vorsätzlich oder unbeabsichtigt) verletzen? Was lässt dich in Situationen, in denen du Angst hast, ruhig werden? Fällt es dir in diesen Situationen eher schwer oder leicht, Gott zu vertrauen und mit seiner Hilfe zu rechnen? Möchtest du versuchen, der Person, die dich verletzt hat, neu zu begegnen und zu vergeben?

Versuch in den nächsten Tagen doch mal, die Personen, die dich „beschießen", mit etwas Nettem zu überraschen. Wenn du jemanden in deiner Klasse hast, der oft beschossen wird, sag oder schreib ihm etwas Liebes.

Matthäus 6,14; Matthäus 18,21–35

6. Die Jesus-Rettungskapsel

Am 5. August 2010 wurden bei einem Grubenunglück in Chile 33 Bergarbeiter in mehr als 600 Meter unter der Erdoberfläche eingeschlossen. Aus eigener Kraft konnten sie da nicht mehr heraus. Muss ein absolut ohnmächtiges Gefühl sein. Wir haben im Militärdienst bei Lawinensuchübungen Leute im Schnee eingebuddelt – allein der Gedanke, da drin zu liegen und zu wissen, dass man ohne Hilfe keine Chance hat, da wieder rauszukommen, ist absolut eklig. Als ich dieses schwere Unglück in Chile über die Medien verfolgte, wurde mir plötzlich bewusst: In unserem Leben ist es genauso. Oft werden wir von Dingen eingekapselt, gefangen genommen und finden allein den Ausgang nicht mehr. Genau das macht Sünde mit uns. Sünde – das sind Dinge, die wir tun und die Gott so nicht für uns geplant hat. Im Grunde ist Sünde Rebellion gegen seine guten Pläne. Diese Pläne – Gottes Vorstellungen und Ziele für unser Leben – sind für uns Sicherheitsseile, damit wir nicht haltlos abstürzen oder wie die Bergleute in einem dunklen Loch eingeschlossen werden. Es gibt viele Dinge im Leben, die uns gefangen nehmen können. Alkohol ist nur ein Beispiel. Wenn ich mit Alkohol völlig freizügig umgehe und trinke, so viel ich will, dann kann Alkohol meine Beziehungen zerstören. Ich habe aus nächster Nähe erlebt, wie Menschen in verschiedene Arten von Süchten und Abhängigkeiten hineingeraten sind und da nicht mehr selber rauskamen. Einer flog gar von der Schule, weil er sich die Birne fast matschig gekifft hatte. Mit seiner Gleichgültigkeit verspielte er sich seine Zukunftschancen. Er war wortwörtlich abgestürzt und ist irgendwann in diesem Loch wieder aufgewacht. Oder nehmen wir das Beispiel Sex. Viele klettern über Gottes Sicherheitsseile – Sex im Rahmen einer Ehe – hinweg, weil sie denken, dass außerhalb der Sicherheitszone der tollste Platz zum Spielen ist. Die Folgen sind heftige Verletzungen an der eigenen Seele und bei dem Menschen, den man so sehr liebt. Oftmals gerät man auch in ungesunde Abhängigkeiten, weil man sich so fest verschenkt hat, dass man aus einer Beziehung gar nicht mehr rauskommt. Von Ängsten vor einer möglichen Schwangerschaft, ungewollten Kindern, Abtreibung und Geschlechtskrankheiten gar nicht zu reden. Diese Ängste können sich wie ein Berg über dir auftürmen – und du sitzt irgendwo darunter begraben. Ich will hier überhaupt nicht den Moralapostel spielen – aber Gott hat sich wirklich was dabei gedacht, als er diesen Bereich mit Absperrband markierte. Dir zuliebe. Aber wir sehen die Liebe dahinter oft nicht – genauso wenig wie meine Tochter, wenn ich ihr sage, dass sie mit ihren süßen Fingerchen nicht auf die Herdplatte patschen soll. Aber aus irgendeinem Grund hat diese Platte einfach eine unglaubliche Anziehungskraft auf sie. Vielleicht ist die Platte ja auch gar nicht heiß und alles ist kein Problem – aber wenn die nur einmal auf Hochtouren läuft, dann hat das üble Folgen. Und mir tut es total weh, weil ich es ja verhindern wollte. Genauso muss sich Gott oft fühlen, wenn er uns zuschaut.

Wer das Absperrband missachtet, durch falsches Reden und falsches Handeln, für den wird es ganz schnell unangenehm. Denn Sünde nimmt uns gefangen – wie der Berg die Kumpels eingeschlossen hatte. Schon eine kleine Lüge kann der Einstieg sein in einen Strudel von kleineren und größeren Unwahrheiten und dich am Ende komplett einschließen in einem Lügenberg. Aus eigener Kraft kommt man aus dieser Situation meist nicht mehr raus. Und es ist dann auch schwer, wieder in die Gegenwart Gottes zu kommen. Was unsere Situation von denen der verunglückten Bergleuten unterscheidet, ist die Tatsache, dass die Kumpels vermutlich nicht viel dafür konnten, dass sie in diesem Loch eingeschlossen waren – wir hingegen schon. Damit wären wir wieder bei der Story vom Grubenunglück: Nach 69 Tagen hatten es Helfer geschafft, sich bis zu den Verschütteten hindurchzubohren und konnten mit einer Rettungskapsel einen nach dem anderen retten. Genau so eine Rettungskapsel ist Jesus für uns. Er sagt selbst von sich: „Ich bin der Weg, die Wahrheit und das Leben. Niemand kommt zum Vater außer durch mich" (Johannes 14,6; NL). Klare Ansage.

Jeder einzelne der Bergarbeiter musste sich entscheiden, in diese Rettungskapsel einzusteigen. Keine angenehme Vorstellung, in diesem engen Käpselchen minutenlang durch dieses enge Rohr im Fels gezogen zu werden. Aber das war die einzige Hoffnung auf Rettung. Genauso ist es mit Jesus. Vielleicht ist es für viele Menschen keine attraktive Vorstellung, sich vor ihm, dem Sohn Gottes, hinzuknien und ihn um Vergebung zu bitten für all das, was ihr Leben (oder das Leben anderer) zu einer dunklen Höhle gemacht hat. Aber wer das wagt und in diese göttliche „Rettungskapsel" einsteigt, der wird aus seinem Loch gezogen und ans Licht kommen. Bei den Kumpels war es das erlösende Tageslicht. In unserem Fall ist es das Licht der Gegenwart Gottes. Und in diesem Licht dürfen wir leben, befreit und ohne Angst. Wir dürfen eine Freundschaft mit Gott aufbauen, eine echte Beziehung – weil dieser Sündenberg uns nicht mehr von Gottes Licht trennt! Kumpel Ricardo Villaroel Godoy (28) sagte nach seiner Rettung den Medien: „Ich habe vorher nie gebetet, aber in der Grube habe ich gelernt zu beten. Ich habe zu Gott gefunden."

Viele der Bergarbeiter trugen während der Rettung Shirts* mit der Aufschrift: „Gracias Señor – Thank You Lord" und einem Vers aus Psalm 95: „Denn in seiner Hand ist, was unten in der Erde ist; und die Höhen der Berge sind auch sein". Dieses starke Zeugnis von Bergarbeitern, die Gott für ihre Rettung dankten, wurde weltweit von rund einer Milliarde Menschen gehört. Aber haben diese Nachricht auch alle verstanden? Viel zu viele Menschen nicken bei solchen Botschaften berührt – und bleiben dann doch in ihrem Stollen, mitten in ihrem Sündenberg sitzen. Du auch? Gott will dich da rausholen! Ready, in die Rettungskapsel einzusteigen?

---

* die Shirts hatte man den Bergarbeitern vor der Rettungsaktion durch ein Loch nach unten befördert.

Denn Gott hat die Welt so sehr geliebt, dass er seinen einzigen Sohn hingab, damit jeder, der an ihn glaubt, nicht verloren geht, sondern das ewige Leben hat.

Johannes 3,16 (NL)

 Bist du in deinem Leben schon einmal bewusst in diese rettende Jesuskapsel eingestiegen? Falls ja: Bist du vielleicht wieder buddeln gegangen und wirst nun von deinem Berg aus Schuld beinahe erdrückt? Jesus möchte dir wirklich alles vergeben. Immer und immer wieder! Lass dir aus deinem Loch raushelfen!

 Lies mal die Geschichte von Lazarus. Du findest sie in Johannes 11,1–44. Jesus hat seinen Freund aus der dunklen Gruft zurück ins Leben gebracht. Bist du auch bereit, dich von Jesus aus dem Dunkel ins Licht rufen zu lassen? Bleib nicht in der Gruft eingeschlossen. Bitte ihn, dich herauszuholen, bitte ihn um Vergebung und Befreiung.

 Römer 5,8; Epheser 2,1–10; 1. Johannes 1,9

7. Festgebissen

Tamara verbrachte als Kind zusammen mit Freunden und ihrer Familie einen schönen Wintertag in einem Ferienhaus. Der noch unberührte, glitzernde Schneehang vor dem Fenster lud dazu ein, die ersten Spuren hineinzuziehen. Die Sonne gab ziemlich Power, weshalb man sogar die Mütze zu Hause lassen konnte. Die Piste rief, es gab kein Halten mehr. Leider hatte Tamara nebst der Mütze auch gleich ihren Kopf zu Hause gelassen, wie es schien. Vielleicht war er auch beim Ausziehen der Mütze einfach darin hängen geblieben. Kaum oben am Hang angekommen, überschlugen sich die Ideen und dank ausgelassener Ferienstimmung ließ eine witzige Idee natürlich nicht lange auf sich warten: Eine Bob- und Schlittenkette sollte das Vergnügen des Tages werden. Damit diese Kette nicht gleich wieder auseinander brach, wurden die Schlitten mit Seilen verbunden, die man dann einfach in der Hand halten konnte. Leider konnte man so – mit nur einer freien Hand – nicht mehr gleichzeitig Steuerrad *und* Bremsen betätigen, weshalb Tamara den Einfall hatte, das Seil des Schlittens vor ihr einfach in den Mund zu nehmen und mit den Zähnen zu halten. Das Gefühl, das Tamara dabei hatte, weil sie überzeugt war, mit dieser brillanten Idee den „Fünfer und das Weggli" zu bekommen (wie der Schweizer so schön sagt), lässt sich mit „Königin des Schneehanges" oder „Fürstin der Geschwindigkeit" treffend beschreiben. Zu Beginn schien alles noch harmlos und friedlich zu verlaufen. Mit zunehmender Geschwindigkeit der Schlittenkolonne wurden jedoch auch die zwei Fahrer vor Tamara immer schneller. Da spitzte sich das Drama zu und sie fand sich in einem gewaltigen Dilemma wieder: Das Steuerrad und die Bremse wollte sie auf keinen Fall abgeben, denn das gab ihr das gute Gefühl, die Kontrolle zu haben. Gleichzeitig wollte sie den Anschluss zu den vorderen Bobs und Schlitten nicht verlieren, die mehr Zug drauf hatten. Deshalb durfte sie das Seil auf keinen Fall verlieren. Man ahnt schon, dass sie sich wortwörtlich „verbissen" hatte. Das Resultat ist schnell erzählt: Nach einem unerwarteten Ruck verabschiedete sich das Seil. Und mit ihm gleich auch noch zwei ihrer Vorderzähne. Der Schlittelplausch war beendet und die Spaghetti am Abend konnte sie reinschlürfen, ohne dabei den Mund öffnen zu müssen – was natürlich eine tolle Attraktion war.

Wer eine Sache zu verbissen angeht, darf sich nicht wundern, wenn sein Lächeln danach ein wenig gequält wirkt und der Biss im Leben fehlt. Manchmal muss man das eine loslassen und das Richtige festhalten. Loslassen in all den Situationen, in denen wir die Dinge selber kontrollieren wollen, und festhalten an Jesus.

Ich habe selbst erlebt, dass ich mich in Abschnitten meines Lebens, als ich nach einer Freundin gesucht habe, viel zu verbissen auf die Suche gemacht hatte. Manchmal habe ich dabei das Hirn ausgeschaltet, und nicht selten habe ich mir bei den Versuchen, mein Gegenstück zu finden, meine Zähne ausgebissen. Oft hatte es auch einfach damit zu tun, dass ich meine Beziehungen ohne Gott leben wollte. Und es hat einige Zeit gedauert, bis ich realisierte, dass er, der mich geschaffen hat, mich ja zutiefst kennt. Er kennt Bereiche meines Lebens, die so tief in meinem Herzen verborgen liegen, dass ich die nicht mal selber so richtig beschreiben kann. Deshalb weiß er auch mit Bestimmtheit am besten, wer zu mir und zu wem ich passen würde. Irgendwann gab ich meinen Ego-Kampf auf und ließ los. Anstatt die perfekte Frau zu finden, versuchte ich nun, der perfekte Mann zu werden (gar keine üble Richtungsänderung übrigens). Und in dieser Zeit beschenkte mich Gott mit der krassen Frau, mit der ich nun verheiratet und in die ich mehr denn je verliebt bin!

Wie will Gott dich mit Neuem beschenken, wenn du dastehst wie ein kleines Kind mit zwei Eiswaffeln in der Hand, die sich bis über deinen Kopf hochtürmen? Du hast ja gar keine Hand frei für was anderes! Manchmal führt Gott uns an den Punkt, an dem wir Karrierepläne, Schönheits- oder Gesundheitsvorstellungen, Beziehungswünsche, Lebensziele, Hobbys oder Ferienwünsche loslassen müssen, damit wir lernen, uns nur an ihn zu klammern. Und ganz oft hab ich erlebt, dass es in einer festgefahrenen Situation plötzlich vorwärts ging, als ich losließ – weil Gott mich mit etwas Neuem, viel Wertvollerem beschenken konnte, als Hände und Kopf endlich wieder frei waren.

Denn wer sein Leben erhalten will, der wird es verlieren; wer aber sein Leben verliert um meinetwillen, der wird's erhalten.

Lukas 9,24 (LUT)

 Hast du die Kontrolle über dein ganzes Leben, nicht nur über einzelne Bereiche, in Gottes Hände gelegt, oder versuchst du immer noch, verbissen selbst alles zusammenzuhalten? In welchem Lebensbereich fällt es dir schwer zu glauben, dass es Gott gut mit dir meint? In puncto Freundschaften, Liebesbeziehung, Hobbys, Berufsziele, deinem Äußeren, deiner Gesundheit?

 Ritze den Lebensbereich, den du neu ganz Gott übergeben möchtest, in ein Stück Holz. Schmeiß dieses in einen Bach – als Zeichen, dass du loslässt und Gottes Plänen vertrauen willst. Wenn du nicht so handwerklich begabt bist, kannst du natürlich auch einen kleinen Zettel bekritzeln und ihn dann ins Wasser werfen.

 Matthäus 6,25–33; Matthäus 19,16–22; Johannes 10,17–18

8. Das Partyproblem

Ich habe eine Kollegin, die hat einen Kollegen und der ... ja, tatsächlich ging es um zwei Ecken. Ganz klar hätte ich in die Story noch liebend gerne ein paar Ecken mehr eingebaut, aber es entspräche schlicht nicht mehr der Wahrheit, wenn ich vom Sohn einer Kollegin reden würde, der von der Mutter des Physiotherapeuten seines besten Freundes gehört hat, dass der Schwager einer ihrer Arbeitskolleginnen einen kennt ... Es ist also schlicht und unspektakulär der Kollege einer Kollegin. Gerade eine Ecke zu viel, um cool zu sein, denn entweder hat man es selber erlebt oder man hat einen besten Freund der ... Wie auch immer: Die Story an sich ist top, deshalb lohnt es sich, sie hier zu erzählen. Here you go!

Dieser Kollege einer Kollegin arbeitet bei einer Bank. Oder besser: arbeitete. Am letzten Arbeitstag wollte er, wie es so üblich ist, seiner Abteilung einen Snack ausgeben. Deshalb lud er, wie es auch so üblich ist, seine Kollegen – das wären jetzt also die Kollegen vom Kollegen meiner Kollegin – zu dem beglückenden Pausenschmaus ein. Leider wurden just an dem Tag Änderungen an der Mail-Verteilerliste vorgenommen, weshalb die Mail mit dem Text „Ich lade euch zu einem Snack ein, da heute mein letzter Arbeitstag ist" nicht einfach an alle Kollegen des Kollegen meiner Kollegin ging, sondern gleich an *alle* Mitarbeiter der Bank sowie deren Filialen! Jeder Kollege und Nichtkollege von den Kollegen des Kollegen meiner Kollegin erhielt also eine Einladung zum Snack. Das Resultat war, dass das Telefon heiß lief mit Glückwünschen von irgendwelchen Kollegen von Kollegen von ... na du weißt schon. Menschen, die er nicht kannte und noch nie gesehen hatte, riefen an und fragten, wo er denn genau arbeite, was es zum Snack gäbe und wer in aller Welt er eigentlich sei. Ganz bestimmt wird er diesen letzten Tag niemals vergessen.

Und der arme Kerl steht mit dieser Panne nicht alleine da. Einer jungen Hamburgerin ist vor einer Weile etwas ganz Ähnliches passiert: Thessa hatte bei ihrer Facebook-Einladung vergessen, ein Häkchen zu löschen und machte die Party zu ihrem 16. Geburtstag dadurch öffentlich. Dies hatte zur Folge, dass sich 15.000 Leute online zur Party anmeldeten und 1.500 dann tatsächlich auch vor der Haustüre standen. 1.500 Leute! Menschen, die sie eigentlich überhaupt nicht einladen wollte!

Wir wählen im Normalfall sehr genau aus, mit wem wir feiern möchten und wen wir auf keinen Fall dabei haben wollen. Doch bei Gott ist die Sache genau umgekehrt. Jesus erzählt einmal die Geschichte von einem Typen, der ein großes Festessen organisierte (guck mal bei Lukas 14,15–24). Weil keiner kommen wollte, schickte er seine Leute raus, um alle einzuladen, die sie auf der Straße trafen – damit das Haus voll wurde. Gott feiert nicht gerne alleine. Er möchte so viele Menschen wie möglich dabei haben und lädt deshalb großflächig ein. Auch Menschen, die bei deiner persönlichen Snack-Party niemals eingeladen wären. Der Gastgeber in der Story hat eine so gewaltige Leidenschaft, dass er seinem Diener sagt, er soll die Leute „nötigen" zu kommen, sie drängen, überreden, alles geben, damit sie wirklich auch dabei sind. Genau das beschreibt die Sehnsucht nach uns Menschen, die Gott antreibt. Er will jeden dabei haben. Auch den dicken Karl, der immer so aus dem Mund stinkt, und die dumme Maja, die die Matherechnung auch nach dem dritten Mal Erklären noch nicht auf die Reihe kriegt.

Ich hatte mal ein christliches Action-Sportcamp geleitet, zu dem einige Leute nur wegen des sportlichen Kicks gekommen waren, und nicht wegen meiner Morgenandachten, die ich dort täglich hielt. Eine Teilnehmerin sagte mir schon am ersten Tag, dass sie mal zur Andacht vorbeischauen würde. Wenn es aber „Kacke" sei, dann sei sie schneller weg, als ich zwinkern könne. Am Abend, als ich im Bett lag, habe ich Gott angefleht, dass er mir die Person, die mir die ganze Stimmung versaute, irgendwie „aus dem Weg räumen soll". Am besten richtig dramatisch mit einem Blitz oder so. Nichts geschah. Stattdessen kam sie zu meinem Morgengottesdienst. Ich saß wie auf Nadeln und hatte bei jedem Satz Angst, dass sie schimpfend aufspringen und rauslaufen würde. Nichts dergleichen geschah. Nach dem Gottesdienst kam sie auf mich zu und ich machte mich auf alles gefasst. Zu meiner völligen Überraschungen bedankte sie sich für diesen Morgen und sagte, dass sie so etwas Berührendes noch nie in ihrem Leben gehört hatte. Dabei hatte ich ja „nur" von einem Gott erzählt, der uns Menschen unglaublich liebt! Zum ersten Mal in ihrem Leben hatte die Frau die Berührung von Gott gespürt. Es war so stark, dass sie einfach nur noch weinen konnte. Ich war perplex. Niemals hätte ich sie zu Gottes Party eingeladen. Aber glücklicherweise hat Gott sie selber eingeladen und sich nicht auf meine Auswahl verlassen. Gibt es jemanden, den du außen vor lässt – den Gott aber bei seiner Party dabei haben möchte?

Nicht ihr habt mich erwählt, sondern ich habe euch erwählt.
Johannes 15,16a (NGÜ)

 Lies mal die ganze Story in Lukas 14,15–24. In der Geschichte, die Jesus erzählt, hatten ganz viele irgendeine Ausrede, wieso sie nicht dabei sein konnten bei diesem Fest. Hast du vielleicht selber auch eine? Wie reagierst du, wenn andere auf deine Einladungen immer Ausreden bringen? Sitzt du schmollend in der Ecke oder lädst du noch eifriger ein, weil du dieselbe Sehnsucht hast wie Gott, dass „das Haus voll" wird? Wen müsstest du vielleicht einmal „nötigen" zu kommen?

 Spring über deinen Schatten und lade zum nächsten Jugendgottesdienst, zur wöchentlichen Starbucks-Kaffeerunde, zum Schülertreff in deiner Schule etc. die Leute ein, die dir ...

a) gerade „zufällig" über den Weg laufen.

b) in den Sinn kommen, wenn du dir fünf Minuten Zeit nimmst zum Hirnen.

c) als Letztes in den Sinn kommen, wenn du spontan eine Liste mit Namen deiner Klassenkameraden, Nachbarn und Sportkumpel erstellst.

 Hesekiel 34,16; Lukas 19,1–10

9. Der Autoschaden

Mein Freund Markus mag Autos. Sehr. So sehr, dass er sich bereits vor der bestandenen Führerscheinprüfung einen eigenen Wagen gekauft hat: einen Renault Mégane Coupé. Mir sagt das überhaupt nichts, ich weiß höchstens, was ein Coup Dänemark ist, aber der fährt nicht. Obwohl Markus seinen Schein noch gar nicht hatte, konnte er es nicht lassen, auf einer abgelegenen Waldstraße ein wenig rumzukurven. Das bekam auch gar niemand mit, denn die abgelegene Waldstraße war etwa mindestens so abgelegen wie das abgelegene Kuhkaff am Berg selber, wo er wohnte. Ein abgelegener Berg in einer abgelegenen Region also. Wahrscheinlich war er nur da hingezogen, damit er für alles, was er außer Haus machen wollte, sein Auto benutzen durfte. Er mochte nämlich nicht nur das Auto, sondern auch das Autofahren. Eines Abends geschah jedoch das Entsetzliche: Sein Auto tat keinen Mucks mehr. Nichts. Niente. Nada. Da wo Fuchs und Hase sich die Pfote geben, hatte der Wagen den Löffel abgegeben. Als Autofanatiker und richtiger Mann versucht man natürlich zuerst einmal selber, das Problem zu beheben, bevor man Hilfe holt. Also versuchte er es immer und immer wieder mit dem Anlasser, bis dieser Abnutzungserscheinungen aufwies, wie Kaugummi nach zwei Jahren Dauergebrauch. Weil die Verzweiflung wuchs und die Versuche etwa so erfolgreich waren, als wenn er seinem Auto französische Konjugationen hätte lehren wollen – er ist Lehrer und hat so was drauf –, sprang er doch irgendwann über seinen sehr männlichen Schatten und zog seinen Nachbarn hinzu. Als Erstes wurde überbrückt, was das Zeug hielt. Dabei versucht man die Batterie an eine andere Autobatterie anzuschließen und so wieder aufzuladen. Die hatten da so was von überbrückt, da hätte die Golden Gate Bridge vor Neid ihre rote Farbe verloren. Das Resultat war jedenfalls ebenso erfolglos, wie ein Versuch, die Golden Gate Bridge golden anzumalen. Also musste auch noch der Untermieter dran glauben. Als Hobbymechaniker kriegt der nämlich alles gebacken. Zwar sieht es nicht immer wunderschön aus, aber es funktioniert. Leider hatte auch er bei näherem Hinschauen mit seinem „Hör mal wer da hämmert"-Blick keine Blitzidee, und der Renault trotzte allen Versuchen, ihn aus seinem komatösen Zustand wieder zurück ins Leben zu holen. Nach mehreren Tagen war dann Markus soweit, dass er endgültig kapitulierte und einen Freund an den Wagen ließ, der ausgebildeter Automechaniker war. Dieser Freund fackelte nicht lange, setzte sich kurz in den Wagen und fand die Lösung des Problems: Der Renault hatte keine Schraube locker und auch sonst kein mechanisches Gebrechen. Er hatte schlicht und einfach kein Benzin mehr! Mit einem leeren Kanister watschelte Markus also runter ins Tal und mit einem vollen wieder rauf – wobei er spätestens bei diesem Marsch zum ersten Mal seinen Wohnort aufs Bitterste verwünschte! – füllte den Tank und lauschte andächtig berührt dem Brummen des wieder funktionierenden Motors.

Manchmal ist auch bei uns der Tank leer. Wir kommen einfach nicht weiter, unser Lebenswagen ist liegen geblieben und bewegt sich keinen Zentimeter mehr vorwärts. Ich habe dann schon oft alles versucht: mich geärgert und geackert – mit mäßigem Erfolg. Und nicht selten ist es vorgekommen, dass in dem Moment, in dem ich kapitulierte und mich vor Gott hinschmiss, um Vergebung für mein störrisches Verhalten bat und ihn einlud, diese Situation mit mir zu lösen, der

Motor auf wundersame Weise plötzlich wieder lief. Wenn wir in unserem Leben nicht regelmäßig bei Gott auftanken, dann nützen alle eigenen Bemühungen nichts – unser Glaubenswagen bleibt dann früher oder später einfach stehen. Du hast keine Power mehr zu beten, dich um die Nöte und Sorgen deiner Mitmenschen zu kümmern, die Bibel zu lesen, ja, vielleicht nicht mal mehr genug Energie, um an Gott zu glauben. Und für viele andere Dinge fehlt dir dann wahrscheinlich auch die Kraft.

Ich musste einmal einen Song für eine CD-Produktion schreiben und hatte einfach Null Inspiration, wochenlang. Irgendwann schmiss ich mich verzweifelt aufs Bett und betete so richtig laut: „Gott wo bist du!??" Da hörte ich plötzlich in mir die Frage: „Wo bist *du*?!!" Und ich realisierte schlagartig: *Ich* war ja in den letzten Wochen gar nie mit Gott zusammen gewesen, habe völlig für mich gelebt und nie bei ihm „aufgetankt". Mein Tank war leergelaufen, kein Wunder also, warum mein Leben stehen geblieben ist. Ich sagte einfach zigmal „Jesus, bitte vergib mir!" Natürlich hat er mich schon beim ersten Mal gehört, aber mein Herz drängte mich. Und auf einmal hatte ich die Idee für einen Song, setzte mich hin und hatte das Lied in ganz kurzer Zeit geschrieben.

Kommt her zu mir, alle, die ihr mühselig und beladen seid; ich will euch erquicken.

Matthäus 11,28 (LUT)

 Wann hast du dich das letzte Mal bei Gott wirklich volltanken lassen? Welche Dinge wollen dich immer wieder vom Betanken abhalten oder Lecks in deinen Tank bohren?

 Nimm dir ganz bewusst eine Viertelstunde Zeit für Gott. Nur du und er. Natürlich darf es auch eine halbe Stunde sein. Mach einen Spaziergang durch den Wald, schließ dich im Kleiderschrank ein, schalte die Musik aus und steck deinen Kopf unters Kissen, lass die Finger vom PC und vom Fernseher, stelle den Wecker ein bisschen früher oder nimm dir Zeit mit Gott beim Duschen – vor allem aber: Halte ihm die leeren Tanks in deinem Leben hin!

 Psalm 23; Jesaja 40,28–31; Johannes 6,35–38

10. Die Salzburg-Reise

Die Reise zu einem Event in Salzburg war eigentlich sehr angenehm – wenn man im Zug einen Sitzplatz reserviert. (Was ich in einem Anflug an Weisheit auch gemacht hatte.) Der Herbst neigte sich dem Ende zu und wir rasten unaufhaltsam in Richtung Winter. Der Sommer hatte sich längst verabschiedet, aber irgendetwas musste ihn dazu veranlasst haben, sich genau heute noch ein letztes Mal aufzubäumen. In meinem geschlossenen Sechserabteil bekam ich eine vage Ahnung, wie sich ein Ei im Brutkasten fühlen muss. Ein Ei mit Fieber. Ich bekam viel Internationalität für mein Ticket geboten: österreichischer Zug, Schweizer Personal, italienische Mitreisende sowie eine ältere Frau aus dem Balkan, zudem eine nach Oklahoma* ausgewanderte österreichische Diva sowie zwei europareisende Sydneyaner, die via Salzburg nach Prag weiterreisen wollten. Die ganze Szene spielte in einem Abteil, das sich kurzerhand in eine finnische Sauna zu verwandeln schien. Etwa gegen Mitte der Reise setzte sich mir gegenüber eine junge Frau hin, die mich wegen irgendetwas ansprach. Leider konnte ich nicht auf die Schnelle ermitteln, ob es sich um einen seltenen westtibetischen Dialekt handelte oder ob die Frau doch eher aztekisch sprach. Oder in Zungen, was ja laut Bibel auch vorkommen kann. Nach scheinbar endlosen Sekunden entschied ich mich, mein

---

* in die Stadt Eufaula, um genau zu sein – das ist indianisch. Sie erwähnte dies mit so viel Ehrfurcht und Stolz, dass ich niemals wagen würde, diese wichtige Information hier zu verschweigen ...

freundliches Nicken und das dämliche Grinsen einzustellen und meine Hilflosigkeit preiszugeben. Ich gestand, dass ich nix verstand. Es stellte sich heraus, dass sie Österreicherin ist. Und deshalb reines Österreichisch spricht – was ich ja eigentlich verstehe. Mein Problem war, dass ich überhaupt nicht mit dieser Sprache gerechnet hatte und deshalb alles an mir vorbeirauschte, wie die österreichischen Kühe vor meinem Zugfenster.

Ich glaube, dass ich im Alltag nicht selten auch so dämlich grinse und wie ein Wackeldackel den Weltrekord abnicke, weil ich einfach Gottes Reden nicht richtig verstanden habe und mir oft nicht die Mühe nehme, wirklich genau hinzuhören. Er spricht ganz klar und deutlich – aber unsere Ohren sind auf eine andere Sprache gepolt oder erwarten etwas ganz anderes. Ein Beispiel gefällig? Eine junge Frau erklärte mir kürzlich via Facebook ausführlich, dass sie eine gewaltige Leidenschaft für ein bestimmtes Land habe, diese Sprache gerade lerne und ein dutzend Zeichen bekommen habe, dass sie dorthin gehen solle. Aber sie sei sich nicht ganz sicher. Sie verstehe Gott, aber sie verstehe Gott auch nicht!

In eine ganz ähnliche Situation bin auch ich einmal geraten: Ich hatte mit circa 18 Jahren das Gefühl, dass ich anfangen sollte zu predigen. Aber irgendwie sträubte sich noch vieles in mir dagegen, obwohl mich einige Leute dazu ermutigten. Ich sagte Gott damals, dass ich zu jung sei, keine Ahnung hätte, was ich überhaupt predigen solle, und er mir absolut klar sagen müsse, dass er das von mir wolle. „Sag mir klar Ja, wenn du das von mir willst. Aber bitte sag Nein." Das war mein Gebet. Erst Monate später realisierte ich, dass in dieser Zeit immer wieder der Gedanke in mir auftauchte, die Bibel hervorzukramen und im Buch Jeremia zu lesen. Während einer Zeit, in der ich mich mit meiner Klampfe beinahe in Trance gespielt hatte, kam dieser Gedanke wieder hoch, klar und deutlich. Ich nahm also die Bibel und begann den Beginn des Jeremia-Buches zu lesen, wo Gott Jeremia auffordert zu predigen – und Jeremia darauf antwortet: „Ach, Herr, ich tauge nicht zu predigen; denn ich bin zu jung" (Jeremia 1,6, LUT). Und Gott antwortet: „Sage nicht: ‚Ich bin zu jung', sondern du sollst gehen, wohin ich dich sende, und predigen alles, was ich dir gebiete" (Jeremia 1,7). Das waren mehr als nur ein paar Zeilen – diesen Vers wummerte Gott direkt in mein Herz. Es war die Antwort, für die ich monatelang gebetet hatte. Aber ich wollte sie einfach nicht hören und hatte mein Ohr irgendwie so fest auf ein Nein eingestellt, dass ich sein Ja nicht verstand.

Manchmal setzen wir uns vor Gott hin und erwarten ein krasses Reden in Form von geschriebenen Zeichen an der Wand, einer akustisch hörbaren Donnerstimme oder eines gesalbten Propheten, der uns mit leuchtendem Gesicht eine Steintafel mit Gottes Gedanken an der Haustür abgibt. Tatsache ist, dass Gott klar und akzentfrei unsere Sprache spricht: Österreichisch oder Deutsch oder Schweizerdeutsch oder was auch immer. Und auch deinen Dialekt versteht er: sächsisch, ostfriesisch, oberbayrisch, berndeutsch, Wiener Mundart ... – in dieser Hinsicht ist Gott ein wahres Sprachgenie. Denn er redet stets so, dass du ihn voll und ganz verstehen kannst. Wenn du dir bewusst Zeit zum Zuhören nimmst. Ich zwinge mich auch immer wieder dazu, denn ich habe die unrühmliche Fähigkeit, jemandem zuzuhören, ohne ihm zuzuhören. So kann mir jemand beim Begrüßen seinen Namen sagen und ich weiß ihn schon zehn Sekunden später nicht mehr, einfach weil ich gar nicht zugehört habe. Machst du das bei Gott auch so? Oder vielleicht bei Menschen in deinem Umfeld? Vielleicht nimmst du gar nicht wahr, dass deine Freundin ein Essproblem hat, weil du ihrem „Reden" nicht zuhörst, also gar nicht die Signale wahrnimmst, die sie an ihre Umwelt sendet. Oder du übersiehst die große Not von der Klassenkameradin, die immer lange Shirts trägt, weil sie sich die Arme ritzt – obwohl sie immer wieder unübersehbare Signale gegeben hatte, dass sie nicht glücklich ist. Aber du wolltest es gar nicht sehen. Hör gut hin, achte im Alltag mal darauf, wo und wodurch Gott zu dir sprechen könnte. Und nimm dir Zeit, dich einfach mal hinzusetzen und ganz bewusst hinzuhören. Stelle deine Ohren auf Gottes Reden ein. Du darfst gespannt sein, was er dir zu sagen hat!

Meine Schafe hören meine Stimme, und ich kenne sie und sie folgen mir.

Johannes 10,27 (LUT)

 Wann hat Gott zum letzten Mal klar in dein Leben geredet? Weißt du, durch welchen „Kanal" Gott zu dir redet? Vielleicht durch die Natur? Durch Gedanken beim Lesen oder durch Lieder und Bilder? Hör mal wieder bewusst hin. Auch bei den Menschen, denen du heute und morgen begegnest. Möglicherweise gebraucht Gott auch andere Leute, um dir etwas mitzuteilen.

 Nimm dir bewusst Zeit zu hören. Bitte Gott darum, dass er zu dir spricht, dass er seine Gedanken mit dir teilt. Verzichte mal darauf, ihm gleich zehn Fragen an den Kopf zu werfen. Vielleicht beantworten sich diese plötzlich von alleine, wenn du Gott nur mal die Möglichkeit gibst, zu dir zu reden. Es hilft, wenn du einfach alles auf ein Blatt Papier schreibst, kritzelst und malst, was dir in dieser Zeit so durch den Kopf geht. Einiges werden deine eigenen Gedanken sein – aber irgendwo dazwischen wirst du Gedanken finden, die dir Gott geschenkt hat.

 1. Samuel 3,1–10; Sprüche 20,12; Jesaja 30,21; Matthäus 13,16; Lukas 8,21

11. Gebetspower

Ich habe schon so viele Gebete in Richtung Himmel geschickt – einige wurden erhört, von ganz winzigen bis hin zu ziemlich bedeutenden Sachen. Einmal hab ich mir von Gott ein Auto gewünscht, das meinem knappen Budget entsprach. Ich wusste genau, welche Marke, und hatte so ein paar Punkte aufgeschrieben, die es zu erfüllen hatte – unter anderem eine Klimaanlage, da ich bei meinen längeren Autoreisen schon zu viel Schweiß verloren hatte. Ich weiß, das ist Luxus. Aber Gott kann ganz gut mit meinen Wünschen umgehen. Via Internet suchte ich die ganze Schweiz ab und tatsächlich stand nur ein paar Kilometer entfernt genau mein Auto. Es erfüllte alle Bedingungen – bis auf die Klimaanlage. Ich war hin- und hergerissen, und natürlich war mir klar, dass ich es trotzdem nehmen würde. Wahrscheinlich war meine Forderung zu diesem günstigen Preis ja auch ein wenig arrogant. Als ich am nächsten Tag einem Freund das Inserat zeigte, meinte der nur: „Aber der hat ja eine Klimaanlage!" Und tatsächlich: Über Nacht hatte mein Traumauto eine Klimaanlage gekriegt. Die menschliche Erklärung ist, dass irgendjemand das Inserat angepasst hat. Vielleicht hatte sich aber auch Gott in der Nacht in diese Garage geschlichen und mein Auto aufgepimpt! Mir gefällt diese Version deutlich besser. So hab ich in den letzten Jahren die ganze Bandbreite an Gebetserhörungen erlebt, von Heilungen bis hin zu einem Eis, das ich mir von Gott während einer Veranstaltung spaßeshalber gewünscht hatte. Mir war klar, dass Gott sicher nicht auf solche Deals eingehen würde, und wollte mich bloß ein wenig über den Referenten lustig machen, der sagte, dass Gott unsere Wünsche sieht und ernst nimmt. Zurück in der Jugendherberge, wo wir übernachteten und die um die Uhrzeit eigentlich schon geschlossen war, kam die Chefin des Hauses auf einmal mit einer großen Packung Eis daher und fragte, wer alles eines haben möchte. Meine Beine sind fast unter mir weggeknickt und Gottes schelmisches Zwinkern raubte mir beinahe den Atem. Das war eine meiner ersten und stärksten Erfahrungen mit Gott: eine Erfahrung, dass Gott mich sieht. Mich versteht. Mich liebt. Und dass er meine Gebete hört – vielmehr aber noch meine Sehnsucht dahinter, ihn in irgendeiner Form zu erleben. Ich glaube nicht, dass Gott jetzt all die hunderte oder tausende von „Ich will ein Eis"-Gebete erhören wird, die täglich bei ihm ankommen. Aber wenn du den Wunsch hast, Gott zu erleben, dann wird er sich dir zeigen. Denn er ist ein Gott, der sich finden lässt (guckst du 5. Mose 4,29) – nicht wie einige dieser Schoko-Osterhasen, die so perfekt versteckt sind, dass sie auch noch nach Jahrzehnten in ihrem Versteck vor sich hinschimmeln. Viele meiner Gebete wurden schon erhört. Manchmal auch erst nach ganz langer Zeit. Mindestens ebenso viele blieben in einer Art Grauzone hängen – die Situation hat sich irgendwie geklärt, aber nicht so, wie ich es erwartet hatte. Und auf einiges warte ich bis heute noch. Kurz zusammengefasst kann ich sagen, dass ich weiß, dass Gott Gebete hört. Das sagt auch die Bibel. Ich weiß auch, dass er Gebete erhört und zum Beispiel auch heilen kann. Ich habe es selbst mehr als einmal erlebt. Ich kam mit körperlichen Einschränkungen zur Welt, die vermutlich von einer Schädigung des Hirnes ausgingen. Mir fehlten viele normale Reflexe, und ich konnte als Baby weder richtig greifen noch mich drehen. Meine Eltern haben viel für mich gebetet und Gott hat diese Gebete erhört. Was ich nicht erklären kann, ist, warum er nicht überall so eingreift, wie ich es mir vorstelle. Zum Beispiel war Gott scheinbar taub, als ich ihm in den Ohren gelegen hatte wegen einer ziemlich dringenden Sache: Ich hatte mir beim Sport mein Kreuzband gerissen, und das tat ziemlich weh. Alle Gebete brachten aber nicht den von mir gewünschten Erfolg – monatelang habe ich auf Besserung gehofft, aber leider musste ich mich dann doch ein Jahr später operieren lassen. Da dachte ich: Okay, manche Gebete kommen wohl tatsächlich nur bis zur Decke. Aber diese Annahme hat wahrscheinlich einfach damit zu tun, dass ich mit meiner beschränkten menschlichen Sicht, als kleines Würmlein Boppi, nicht das ganze Bild von der Situation habe, so wie Gott es vor Augen hat. Ich verstehe den Sinn einer Sache nur aus meiner Perspektive – und ganz bestimmt hat Gott da noch eine ganz andere, weitere Sicht. Was ich aber weiß, ist: Mein Part ist es nicht, Wunder zu tun und ich muss auch nicht alles erklären können. Mein Part ist es zu beten – Gott zu bestürmen. Den Rest überlass ich ihm. Dass einige Gebete nicht so erhört werden oder nicht so schnell, wie ich es erwarte, heißt nicht, dass Gott unzuverlässig ist und ich ihm nicht vertrauen kann. Er weiß, was gut für mich ist und was ich brauche. Er wird es mir geben – auch wenn es vielleicht nicht das oder auf die Art und Weise ist, wie ich es mir vorgestellt habe. Wie ein guter Vater nur Gutes für seine Kinder im Sinn hat, aber ihnen nicht immer alles gibt, was sie sich wünschen, so geht auch Gott mit mir um. Und so einen fürsorglichen Super-Daddy an meiner Seite zu haben, finde ich echt beruhigend!

Das Gebet eines Menschen, der sich nach Gottes Willen richtet, ist wirkungsvoll und bringt viel zustande.

Jakobus 5,16b (NGÜ)

Hast du dich schon mal entmutigen lassen durch Gebete, die (noch) nicht erhört worden sind, oder die nicht so erfüllt worden sind, wie du es dir erhofft hast? Möchtest du Gott nicht eine neue Chance geben, dich zu überraschen? Dann beginne neu, ihn mit deinen Gebeten zu bestürmen.

Nimm allen Mut zusammen und frage eine Person, die krank ist, ob du für sie beten darfst. Das kannst du natürlich auch per SMS oder Facebook tun. Allein die Tatsache, dass du für sie beten möchtest, zeigt der Person, dass sie dir wichtig ist.

Matthäus 7,7–11; Lukas 18,1–8; Jakobus 5,16–18

12. Weißer Regen

Auf der kleinen, unbekannten karibischen Insel, auf der tropische Temperaturen herrschten, erzählte man sich von Generation zu Generation weiter, dass es an ganz heiligen Tagen weißen Regen gebe. Einige glaubten es, andere nicht. Es gab sehr alte Leute, die behaupteten, es auf dem höchsten Gipfel des Berges selber gesehen und diesen sonderbaren Regen sogar angefasst zu haben. Eines Tages, es pfiff ein eisig kalter Südwind, wie es sonst nie der Fall ist, geschah das völlig unerwartete: Es fiel tatsächlich weißer Regen. Ganz fein und langsam, aber wenn man ihn mit der Hand fassen wollte, verschwand er augenblicklich. Matembo und einige seiner Freunde kamen vom Gipfel mit einer ganzen Büchse voll zurück und einige konnten den Regen tatsächlich anfassen – aber nach wenigen Minuten hatte Matembo nur noch eine Büchse voll Wasser. Viele waren überzeugt, dass sie diesen weißen Regen mit eigenen Augen gesehen hatten. Andere jedoch spotteten und waren überzeugt, dass es weißen Regen nicht geben könne und alles nur Einbildung sei. Zwei Tage später war sich auch Matembo nicht mehr ganz so sicher, was er da wirklich in der Büchse aufgefangen hatte. Nur der kleine Emelo ließ sich durch nichts beirren. Er dachte sich: Die Tatsache, dass siebenhundert Inselbewohner noch nie weißen Regen angefasst, ja, noch nicht mal gesehen hatten, beweist noch lange nicht, dass es ihn nicht gibt. Einer jedoch, nur einer, der weißen Regen mit eigenen Augen gesehen hat, ist dagegen der Beweis für die Existenz dieses Regens. Er selber wusste genau, was er in der Büchse von Matembo gesehen hatte.

Manchmal geschieht es mir, dass ich wie aus dem Nichts Zweifel habe. Zweifel, ob das, was ich glaube, wirklich der Wahrheit entspricht. Ich habe schon hautnah gespürt, wie Gott mich in einem Moment berührt hat – aber schon Tage später war ich mir nicht mehr ganz so sicher, ob das wirklich Gott war oder ich mir alles bloß eingebildet hatte. Mir hilft es, von Leuten wie dem Thomas in der Bibel zu erfahren, der genauso an Jesus gezweifelt hat. Trotz dieser Story von dem zweifelnden Jünger Jesu (du kannst sie in Johannes 20,19–29 nachlesen) haben jedoch viele Leute das Gefühl, sie dürften keine Zweifel haben.

Die Kunst ist es, sich nicht ständig beirren zu lassen durch die eigenen Zweifel. Wieso zweifeln wir eigentlich immer nur am Glauben und zweifeln nicht einmal mutig unsere Zweifel an? Vielleicht sind ja unsere Zweifel unwahr und nicht unser Glaube? Vielleicht erzählt ja die leise Stimme in deinem Kopf falsche Sachen, indem sie dir beispielsweise immer wieder zuhaucht: „Das kann doch gar nicht sein! Gott kann dich nicht lieben. Jesus kann doch nicht der einzige Weg in den Himmel sein. Gott kann deine Gebete gar nicht erhören."

Auch wenn wir mehr von Gott in unserem Leben erfahren und sehen würden, würden wir nicht automatisch mehr glauben. Das zeigt die Story vom Jünger Thomas, der ja im Gegensatz zu uns das große Privileg hatte, Jesus mit eigenen Augen zu sehen und ihn sogar anzufassen. Trotzdem war er sich nicht sicher. Und auch das Volk Israel hatte in der Zeit der Wüstenwanderung täglich Wunder gesehen: wie Gott sie mit Essen versorgte und vor Feinden beschützte. Trotzdem waren sie nur ein paar Tage später wieder der Überzeugung, dass Gott sie im Stich lässt, und sie ließen ihre Zweifel lautstark raus. Selbst als Jesus höchstpersönlich seinen Freund Lazarus auferweckte, von dem ja die Leute wussten, dass er gestorben war, fielen die Leute nicht einfach auf die Knie vor

Ehrfurcht und glaubten fröhlich drauflos. Es heißt, dass „*viele glaubten*". Das bedeutet aber, dass da doch einige waren, die Gottes Wunder zwar erlebt hatten, aber trotzdem an ihm zweifelten.

Die Frage ist nicht, ob du Zweifel hast oder nicht. Die Frage ist nur, ob du dich angesichts deiner Zweifel von Gott abwendest oder dich umso fester an ihn klammerst.

Ich glaube! Aber hilf mir, dass ich nicht zweifle!

Markus 9,24 (NL)

 Zweifel zu haben ist nicht schlimm. Die Frage ist bloß, ob wir diesen Zweifeln mehr Macht geben als unserem Glauben. Und ob wir Gott wegen unserer Zweifel den Rücken kehren oder erst recht in seine Arme springen. Je mehr wir mit Gott erleben, umso tiefer wird unser Glaube an ihn und umso blasser werden die Zweifel. Hast du Angst vor deinen Zweifeln? Kannst du mit Freunden darüber sprechen? Und mit Gott? Gibt es Erlebnisse, bei denen du sicher bist, dass Gott da seine Finger im Spiel hatte?

 Schreib eine „Zweifel-Liste" und knall da alles rein, was du am Glauben hinterfragst. Dann setz dich an deinen Lieblingsplatz und rede mit Gott darüber.

Und hier gleich noch ein Gratis-Anti-Zweifel-Tipp: Schreib dir auf, was du mit Gott schon erlebt hast. Da kann dann am Ende so was wie ein Erlebnisbuch draus werden. Keine Sorge, das musst du nicht jeden Tag „füttern". Aber das schriftliche Festhalten hilft dir, dass dir wichtige Augenblicke mit Gott nicht durch die Lappen gehen. Versuch doch mal, den Moment und deine Gefühle genau zu beschreiben – denn oft genug zweifelt man nur ein paar Tage später, ob alles wirklich so gewesen ist.

 Matthäus 28,16–17; Markus 9,14–29; Johannes 11,17–45; Johannes 20,24–31

13. Voll in die Birne

Ich steh überhaupt nicht auf diese „Steht-alle-auf-und-macht-mit-Bewegungslieder". Man kann dann ja fast nicht sitzen bleiben, wenn alle mit Begeisterung dabei sind. Also steht man wohl oder übel auch auf und macht mit, auch wenn es total lächerlich aussieht. Denn der Gruppendruck ist einfach zu hoch. Bei diesem Thema steigen gerade traumatische Erinnerungen aus meiner Präteenie-Zeit in mir hoch. Damals wurden wir bei einem Konzert aufgefordert, einen Liedtext durch Bewegungen unseres Körpers zu unterstreichen. Vielleicht wollte man einfach noch ein wenig mehr Stimmung machen, da die Show ansonsten eher nett als fett war. Der Text war bierzeltgleich einfach, was selbst koordinativ weniger gesegnete Mitmenschen zum Mitmachen einlud:

Kopf, Schulter, Knie und Zeh, Knie und Zeh,
Kopf, Schulter, Knie und Zeh, Knie und Zeh,
Ohren, Auge, Nase, Mund,
Kopf, Schulter, Knie und Zeh, Knie und Zeh.

Die Aufgabe war nun relativ simpel: Wir sollten zeitgleich mit dem Gesang das entsprechende Körperteil berühren. Natürlich nur an unserem eigenen Körper, ist ja klar! Also machte ich mit. Und irgendwie packte mich plötzlich ein unerklärlicher Ehrgeiz, und zwar genau an dem Punkt, als das Tempo immer mehr zunahm. Ich bemerkte nämlich, dass einzelne Leute im Saal bald nicht mehr so ganz mithalten konnten. Also gab ich noch mehr Gas, um mit den Übriggebliebenen zu konkurrieren. Ich wollte mich auf keinen Fall abschütteln lassen!

In meinem Eifer, die Bewegungen möglichst präzise und zackig auszuführen, vergaß ich völlig meine Umwelt, und als das Lied – bedingt durch den stetigen Tempoanstieg – auf dem Höhepunkt angelangt war, geschah das Unausweichliche: Zwischen dem 152sten „Knie" und dem 152sten „Zeh", also genau beim 152igsten „und", knutschte meine Birne (anatomisch korrekter: meine Stirn) die Stuhllehne des Vordermannes. Diese spontane Kollision veranlasste mich, durch den Aufschlag leicht belämmert, dazu, meine körperlichen Aktivitäten sofort einzustellen und mich hinzusetzen. Geistig abwesend saß ich dann da und suchte nach dem Nummernschild des Lastwagens, der mich gerade überrollt hatte.

Eines hatte ich an diesem Abend gelernt: Wer sich unter Druck setzen lässt, nur weil „alle" mitmachen, kann davon heftige Kopfschmerzen kriegen!

Dem Gruppendruck nachzugeben, um cool zu sein, geht oft nach hinten los und bewirkt genau das Gegenteil von dem, was man eigentlich erreichen wollte. Wir können manchmal nicht sofort glauben, dass das Leben auch dann spannend ist, wenn man *nicht* das macht, was alle anderen auch machen. Du wirst nicht Lottomillionär, wenn alle Leute – einschließlich du selbst – dieselben Zahlen auf den Zettel schreiben. Und du wirst auf andere nicht cool wirken, wenn du bei einer Sache mitzuhalten versuchst, die absolut nicht dein Ding ist, dir überhaupt nicht liegt. Du darfst von ganzem Herzen anders sein. So, wie Gott dich geschaffen hat.

Jesus hat sich nie dem Gruppendruck gebeugt. Als einige Fromme eine Frau steinigen wollten, wozu sie laut Gesetz sogar das Recht gehabt hätten, hat er nicht einfach gekuscht und mitgeworfen. Er hat sich zu dieser Außenseiterin gestellt. (Die Story findest du in Johannes 8,1–11.) Und Jesus hat sich immer wieder mit Menschen abgegeben, die an den Rand der Gesellschaft gedrängt wurden. Auch mit dem Außenseiter Zachäus, der bei vielen wegen seines schlechten Umgangs mit Geld verhasst war, wollte er unbedingt Zeit verbringen (nachzulesen bei Lukas 19,1–10). Und die Begegnung mit Jesus hat das Leben dieser Außenseiter verändert.

Lass dich nicht von irgendwelchen Ansichten einer Gruppe beeinflussen. Lass dich nicht dazu drängen, etwas zu tun, das du eigentlich gar nicht möchtest. Sich dem Druck einer Gruppe zu beugen, hat nichts mit Coolsein zu tun, sondern ist feige. Wenn du dich mutig zu den Außenseitern stellst, dann stehst du ganz bestimmt auf der Seite, auf der Jesus auch steht. Du kannst dabei höchstens dein Gesicht verlieren. Aber du stehst auf der Seite des Siegers! Jesus hat für dich – und auch für all die Außenseiter – viel mehr verloren, als nur sein Gesicht: sein Leben nämlich.

Was kann man dazu noch sagen? Wenn Gott für uns ist, wer kann da noch gegen uns sein?

Römer 8,31 (NL)

Gibt es Dinge, die du nur tust, weil du dazugehören möchtest, und nicht, weil du es tun willst? Welche Person in deinem Umfeld behandelst du nicht so, wie Jesus sie behandeln würde – einfach, weil der Rest der Klasse sie vielleicht auch nicht gut behandelt? Auf welche Weise könntest du einen Unterschied machen, anstatt einfach den Weg des geringsten Widerstandes zu gehen und bei zweifelhaften Dingen mitzumachen?

Nimm dir bewusst vor, anders zu handeln. Wenn zum Beispiel jemand in deiner Klasse unfair behandelt wird, dann stell dich zu der Person. Du kannst den anderen zum Beispiel sagen: „Ich finde es auch nicht cool, was er gemacht hat, aber deshalb haben wir noch lange nicht das Recht, ihn so zu behandeln." Du wirst damit bestimmt auf der Seite von Jesus stehen. Und vielleicht auch heimlich für deinen Mut bewundert werden.

Matthäus 27,15–26; Lukas 19,1–10; Johannes 8,1–11

14. Der Gottomat

Der Schauplatz: Parkhaus Chur-West. Meine Gefühle fahren jedes Mal Achterbahn, wenn ich dieses Parkhaus aufsuche. Es herrschen dort ein paar ungeschriebene Parkhausgesetze, die leider durch nichts aufgehoben werden können. Dazu gehört, dass nicht nur immer genau jene Etagen voll belegt sind, die ich ansteuere, sondern auch, dass sich ganz sicher jedes Mal genau einer vor mir in die von *mir* zuerst entdeckte Parklücke reinquetscht. Wenn mir der Parkhaus-Gott mitleidig nach 15-minütiger Suche doch noch einen Parkplatz zugesteht, liegt er hundertprozentig entweder

A) in der untersten Etage,

B) am weitesten vom Ticketautomaten entfernt oder

C) die Parklücke ist zu klein und der Fahrstuhl unauffindbar.
Ein weiteres ungeschriebenes Parkhausgesetz besagt, dass A nur dann eintrifft, wenn auch C der Fall ist und C ausschließlich in Kombination mit B auftritt, wobei B ausnahmslos jedes Mal eintrifft.

Nun gut, von solchen Kleinigkeiten ließ ich mich längst nicht mehr einschüchtern und marschierte mutig los, um nach zehn Minuten doch noch den Ticketautomaten zu finden. Doch damit nicht genug: Hatte ich doch tatsächlich wieder einmal kein Kleingeld dabei und dummerweise war mein kleinster Schein ein Hunderter! Welch eine Freude war es da, gleich neben dem Automaten für die Tickets einen Geldwechsel-Automaten vorzufinden! Ohne zu überlegen beeilte ich mich, den Hunderter in den Schlitz zu kriegen, da schon weitere Zahlungswillige nahten. Logischerweise funktioniert das Einführen eines Scheines *nie* beim ersten Versuch, und so kam die Note wieder heraus, optisch und akustisch begleitet von einem rot blinkenden und tutenden Lämpchen. Erst der siebte Versuch wollte klappen. (Der aufmerksame und mathematisch begabte Leser hat gemerkt, dass es spätestens beim vierten Versuch hätte klappen müssen, da man beim Einschieben des Geldscheins im Grunde nur vier verschiedene Möglichkeiten hat – wenn man spezielle Falttechniken außer Acht lässt. Nur hatte ich mir angesichts meiner aufsteigenden Aggressionen natürlich nicht gemerkt, welche Seiten ich schon ausprobiert hatte, was unweigerlich zu weiteren Fehlversuchen führte.) Endlich schluckte dieser blöde Automat den Schein. Aufatmen meinerseits. Doch die Entspannungsphase währte nur kurz. Ein Prasseln ließ mich hochschrecken, und mit mir erschraken auch die 32 Leute, die hinter mir bereits eine beinah endlose Schlange bildeten. Ich fühlte mich, als hätte ich gerade den Jackpot geknackt und wollte schon instinktiv die Arme hochreißen. Das Gefühl verschwand aber ebenso rasch wieder, wie es mich angefallen hatte. Endlose Minuten schienen zu vergehen, bis auch der letzte Batzen im Münzfach lag. Wieso gibt der Sch***-Automat keine Scheine als Rückgeld?!! Hundert Franken in Münzen – wohin sollte ich bitteschön mit dem ganzen Berg an Kleingeld?!? Mir fiel nichts Besseres ein, als das Geld hastig zusammenzuklauben und in meinen Jackentaschen verschwinden zu lassen. Musste dabei gleich mehrmals zugreifen und fühlte mich wie Dagobert Duck. Zwei Zweifränkler brauchte ich dann noch, um den Ticketautomaten zu füttern. Und welch Wunder: Ich konnte mich tatsächlich noch an meine Parkplatz-Nummer erinnern! 145 … äh … oder war es 154?

Nach diesem abenteuerlichen Erlebnis bin ich froh zu wissen, dass Gott kein Automat ist. Er ist Gott sei Dank nicht so gestrickt, dass man ihm ein Gebet „reinschiebt" – und dann kommt postwendend die erwartete Antwort raus. Nicht selten überrascht er mich mit unerwarteten Dingen, und nicht immer, aber manchmal merke ich dann, dass es eigentlich das Beste ist, was mir hatte passieren können. Vielleicht war es gut so, dass meine kleine Tochter im Auto eine Stunde lang geschrien hat, obwohl meine Frau Tamara sie „in den Schlaf beten" wollte. Tamara war nämlich ziemlich müde unterwegs gewesen, und wer weiß, ob sie nicht sogar am Steuer eingeschlafen wäre, hätte Gott ihr Gebet erhört und die Kleine ruhig gestellt. Wir wissen zwar manchmal, was wir wollen – und oft nicht mal das – aber wir wissen in vielen Fällen nicht, was wir eigentlich brauchen. Und wenn wir dann vor dem „Gottomaten" stehen und auf unsere sauber gebündelten 20er-Scheine warten oder auf eine Heilung oder eine bestandene Prüfung, dann kann es sein, dass Gott uns was ganz anderes „ausspuckt".

Wie unerschöpflich ist Gottes Reichtum! Wie tief ist seine Weisheit, wie unermesslich sein Wissen! Wie unergründlich sind seine Entscheidungen, wie unerforschlich seine Wege!

Römer 11,33 (NGÜ)

Behandelst du Gott vielleicht auch manchmal wie einen „Gottomaten", den man nur dann zu Rate zieht, wenn man dringend ein Ticket für irgendwas braucht?

Bete mal in den nächsten Tagen bewusst zu Gott, ohne ihn ständig um irgendetwas zu bitten. Rede einfach mit ihm über dein Leben. Wenn du um etwas bittest, dann versuch nicht, Gott vorzuschreiben, was er jetzt zu tun hat, sondern schildere ihm deine Situation oder die Situation deiner Freunde, und überlass es ihm, wie er dann eingreift.

Sprüche 19,21; Jesaja 55,8–9

15. Reklamationen

Ich habe mich früher im Restaurant nie beschwert, wenn mein Essen kalt war, das Fleisch zu stark durch oder das falsche Getränk serviert wurde – ich hab gegessen und getrunken, wie es kam und hab geschwiegen. Im Gegensatz zu Freunden, die immer mal wieder was zu bemängeln hatten und das dann natürlich auch taten. Insgeheim bewunderte ich sie für ihren Mut und ihre Direktheit. Nun geschah es, dass mir mein Scooter mitten in der Fahrt in zwei Teile brach. Das hätte gewaltig ins Auge gehen können – oder besser: ins ganze Gesicht. Zum Glück passierte es nicht direkt vor meiner Haustüre, wo es steil bergab geht, sondern irgendwo auf der Geraden mitten in der Stadt. Aufgerüttelt von der Frage, wie so etwas überhaupt passieren konnte, entschied ich mich, endlich einmal über meinen Schatten zu springen und zu reklamieren. Ich schilderte meine Entrüstung freundlich, aber bestimmt in einer E-Mail – und war völlig überrascht, dass ich nicht nur innerhalb von zwei Stunden eine Antwort bekam, sondern gleich auch noch das Angebot für einen brandneuen Scooter. Ich durfte mir das neuste Modell aussuchen, obwohl mein alter Scooter schon zwei Jahre auf dem Buckel hatte. Das war der Moment, in dem ich Blut leckte. Bei einem Gesellschaftsspiel, das ich online bestellt hatte, war eine Beule im Koffer. Ich reklamierte – und schwupps, war es zehn Franken billiger. Heute brachte ich selbstsicher einen Wecker ins Geschäft zurück, den ich eben erst gekauft hatte. Erst beim Auspacken zu Hause bemerkte ich sein völlig zerkratztes Display. Ich reklamierte, nett und gleichzeitig fordernd. Zu meiner Überraschung blieb die freundliche Lady hinter der Theke völlig cool. Sie lächelte bloß und zog mit den Fingernägeln die Schutzfolie von der Scheibe. Weg waren die Kratzer. Hab nur noch ein knapp gehauchtes „Danke" rausgewürgt und mich dann verdrückt.

Es ist völlig okay zu sagen, wenn etwas nicht stimmt. Manchmal überlegen wir jedoch viel zu wenig, und sagen viel zu schnell, wenn uns etwas nicht passt. Wir motzen, weil irgendwas nicht so aussieht, wie wir es gerade möchten, weil unsere Eltern scheinbar sinnlos und unfair etwas entschieden haben, oder weil Gott etwas in unserem Leben zugelassen hat, das uns nicht in den Kram passt – das Display ist zerkratzt und wir rebellieren. Gegen Gott, gegen die Eltern und gegen jeden, dessen Gesicht gerade nicht in unsere Alltagsstimmung reinpasst. Ich habe gelernt, dass sich ganz viele Situationen erledigen, sobald man mit der Person, über die man wütend ist, geredet hat. Plötzlich ist die zerkratzte Schutzfolie weg und man sieht klar. Wie oft war ich schon wütend auf meine Eltern, weil ich viel früher zu Hause sein musste als alle anderen, oder weil ich mir irgendetwas nicht kaufen durfte, dass ich unbedingt wollte. Spätestens jetzt, wo ich eigene Kinder habe, verstehe ich ihre Entscheidungen. Und merke, dass es pure Liebe ist, dass meine Eltern mich nicht einfach blindlings alles machen ließen, sondern sich um mich sorgten. Zu Recht, denn ich selber habe mir oft viel zu wenig überlegt, was alles hätte passieren können. Dabei geht es überhaupt nicht darum, sich ständig Sorgen zu machen und sich das Schlimmste auszumalen. Hätte ich mir doch damals nur die Zeit genommen, ihnen zu zuhören, und wirklich versucht, zu verstehen, warum sie so entscheiden – ich hätte viel besser ihr liebendes Herz hinter ihren Regeln entdeckt und ihre gutgemeinten Entscheidungen verstanden. Vielleicht wäre ich trotzdem nicht immer derselben Meinung gewesen wie sie, aber zumindest hätte ich vielleicht verstanden, wie die Situation aus ihrem Blickwinkel aussieht.

Auf wen solltest du diese Woche zugehen, mit wem ein klärendes Gespräch führen – anstatt noch tagelang rumzumotzen?

Wenn ihr zornig seid, dann versündigt euch nicht. Legt euren Zorn ab, bevor die Sonne untergeht.

Epheser 4,26 (NGÜ)

Geh die letzte Woche noch mal gedanklich durch und lass all die Situationen Revue passieren, in denen du dich mit jemandem gestritten hast. Ganz egal, wer richtig oder falsch lag – versuch einfach, dich wie in einem Film in die Rolle der anderen Person zu versetzen: wer sie ist, wie sie denkt, was ihr wichtig ist. Und spiel den Streit noch mal im Kopf durch. Zu wie viel Prozent kannst du ihre Reaktion verstehen? Zu 20 Prozent, zu 60 Prozent oder gar zu 100 Prozent?

Vielleicht erlebst du gerade so einen Moment, in dem du nur die zerkratze Scheibe siehst: die Dinge, die dir deine Eltern verbieten, oder die Sachen, die überhaupt nicht gut laufen bei euch zu Hause. Zieh diese Folie ab und schreib deinen Eltern doch mal einen Brief, in dem steht, wofür du ihnen dankbar bist.

Matthäus 7,1–5; Jakobus 1,19–26

16. Yes, you can!

Ich liebe Abenteuer. In Filmen und Büchern. Vor allem aber liebe ich die Abenteuer, wo ich selber mittendrin stecke. Wer tut das nicht?! Jeder, der insgeheim kein Abenteurer ist, ist schlicht zu feige, einer zu sein. Der Mensch ist zum Entdecken geboren, und das wird sich auch nie ändern. Nur ist es heutzutage gar nicht mehr so einfach, Abenteurer und Entdecker zu sein, da man leicht den Eindruck gewinnen könnte, alles Erfindbare wäre bereits erfunden, alles Entdeckbare schon entdeckt und alles Unmögliche längst geschafft. Vielleicht nehmen deshalb die Versuche, mal was zu tun, das noch nie jemand zuvor getan hat, so irrwitzige Formen an (Du weißt nicht, was ich meine? Hast du schon von dem gehört, der sich die Augen tätowieren ließ?) und reißt der Strom an Casting-Teilnehmern diverser Shows nicht ab. Das ist die heutige Form des Abenteurerseins, des Versuchs, irgendetwas etwas zu erreichen und jemand zu sein.

Meinem eigenen Abenteuerdrang wurde ich erst in einer Action-Sport-Woche so richtig bewusst. Wir testeten alles, von Canyoning über Downhill-Biken, Wasserski und Funtube-Fahren*, Tauchen bis hin zu Gleitschirmfliegen. Ich entdeckte ganz erstaunt in mir ein Herz, das stark für diese abenteuerlichen Sport-Adventures schlägt – nur war mein Körper leider mindestens genauso überrascht von dieser Tatsache.

---

* Dabei lässt man sich auf einem riesigen Gummiring von einem Schnellboot übers Wasser ziehen. Absolut spaßig, weil sich dieses Teil immer mal wieder dreht!

Weshalb er nach ein paar ungeplanten Stürzen kurzzeitig streikte und seine Aktivitäten in den nächsten zwei, drei Monaten schmerzbedingt auf ein Minimum reduzierte. Alles begann damit, dass ich mit dem einen Fuß einer Biene mitten ins linke Auge trat, was die überhaupt nicht toll fand und sofort zurückstach. Dann erwischte ich mit dem anderen Fuß ein paar Glasscherben, was mich reflexartig dazu verleitete, diesen zu entlasten, und so stand ich mit dem anderen Fuß gleich auch noch in den Scherben ... Später, beim Funtube-Fahren hängte ich mir fast den Unterkiefer ein Stockwerk tiefer, weil mir vorher niemand gesagt hatte, dass man den Ring loslassen sollte, wenn sich dieser umdreht und man unter Wasser gerät. So tauchte ich also schreiend unter – während ich mit 40 km/h durch den Fluss gezogen wurde, wodurch ich auf einen Schlag gleich ein paar Liter Wasser intus hatte. Ich machte eine gute Miene zum bösen Spiel. Hätte ja schlimmer kommen können, dachte ich mir. Und es kam schlimmer. Beim Wasserskifahren, der nächsten „Todesdisziplin", versetzte mir der Haltegriff beim Startmanöver einen Schlag in die angespannte Wade, sodass ich für kurze Zeit fliegende Fische zu sehen glaubte, die meinen Kopf umschwirrten. Das Canyoning zwei Tage später gab mir dann den Rest und so lief bei mir schließlich gar nichts mehr.

Seit dieser Action-Sport-Woche bin ich ein bisschen vorsichtiger, was das Ausleben meines Abenteuer-Instinktes angeht. Aber nur, was den sportlichen Bereich betrifft. Der Alltag bietet ja schon mehr als genug Abenteuer – wenn man nur bereit ist, sich dem Leben zu stellen. Nicht selten ist es für mich schon eine Grenzerfahrung, direkt nach dem Aufstehen mutig meinem eigenen Spiegelbild zuzuzwinkern. Oder das zu essen, was ich selbst gekocht habe. Aber genau diese Abenteuer sind die Würze des Lebens! Und genau danach sehnt sich unser auf Entdeckung und Abenteuer gepoltes Herz!

Deshalb ist es traurig, dass viele Menschen ihren Entdeckergeist aufgegeben haben, den natürlichen Drang nach Abenteuern in sich unterdrücken – und sich resigniert irgendwo hinpflanzen, frei nach dem Motto: Wer nicht aufsteht, kann auch nicht umfallen! All denen gilt der Hammer-Vers aus der Bibel: „Ich sage dir: Sei stark und mutig! Hab keine Angst und verzweifle nicht. Denn ich, der Herr, dein Gott, bin bei dir, wohin du auch gehst" (Josua 1,9 NL).

Amerika, der Mount Everest, der Mond: Nichts wurde entdeckt, bezwungen oder erflogen, indem man einfach nur darüber nachdachte oder diskutierte. Immer waren es mutige Menschen, die sich und ihr Herz in Bewegung setzten. Und auch heute gibt es „Berge" zu erklimmen und „Meere" zu ersegeln!

Was sind deine Berge, was ist dein Mount Everest? Was könntest du für ein Abenteuer wagen? Es geht dabei nicht einfach darum, Schwieriges zu tun, damit man was Schwieriges gemacht hat, sondern darum, Herausforderungen anzupacken. Denn daran kannst du schließlich wachsen – weil du neue Erfahrungen machst. Klar, dazu gehört auch, dass man mal auf die Nase fällt. Aber wenn man eine Sache gar nicht erst ausprobiert, kann man auch nicht wissen, ob es funktioniert.

Ich mache dir Mut, dir Herausforderungen zu suchen, auch wenn du schon mal aufgegeben hast, weil es zu aussichtlos, zu gefährlich, oder zu sonst irgendwas war.

Ich sage dir: Sei stark und mutig! Hab keine Angst und verzweifle nicht. Denn ich, der Herr, dein Gott, bin bei dir, wohin du auch gehst.

Josua 1,9 (NL)

 Wo hast du aufgegeben, weil es zu gefährlich aussah oder der Preis zu hoch war – aber du dir eigentlich sicher warst, dass du das hättest durchziehen sollen?

 Alex und Brett Harris, zwei junge Kerle, die vor einigen Jahren im Internet einen Blog gestartet haben, fassen in ihrem Buch „Yes you can. Mach mit bei der Rebelution und verändere deine Welt" folgende Kategorien von Abenteuern zusammen:
1. Dinge, die dich aus deiner Wohlfühlzone holen.
2. Dinge, die über das hinausgehen, was von dir erwartet wird.
3. Dinge, die du nicht allein machen kannst.
4. Dinge, die sich nicht sofort rentieren.
5. Dinge, die sich von dem abheben, „was alle tun."

Wenn du diese fünf Kategorien checkst: Was könnte demnach dein nächstes Abenteuer sein?

Entscheide dich in den nächsten 72 Stunden, in den nächsten Monaten ein Abenteuer zu wagen und schreib es dir auf. Du musst das nicht alleine durchziehen – mach das gemeinsam mit Freunden und vor allem mit Gott! Für Wagemutige: Pack deinen Schlafsack, die Bibel und was Feines zu essen ein, dass du auf einem Campingkocher warm machen kannst, und

schlag dich mit deinen besten Kumpels irgendwo in
den Wald für eine Nacht! Ich hab das sogar schon mal
im Winter gemacht ... Toller Kick!

 4. Mose 13,27–33; Jeremia 1,4–19

17. Spendierhose

Von Natur aus bin ich nicht wirklich mit Großzügigkeit beschenkt. Ich würde meinen letzten Energy-Drink im Kühlschrank eher noch schnell im Gemüsefach unter den Karotten verstecken, als ihn einem danach lechzenden Gast anzubieten. Nur macht man das ja nicht als netter Christ. Ich schon. Leider gelingt es meistens nicht. Das Problem liegt daran, dass da bei mir oft gar keine Karotten als Versteck existieren, weil mir beim Einkaufen der gesunde Part nicht selten völlig aus dem Blick gerät. Ginge es jedoch darum, meinem Gast die letzte Karotte anzubieten, dann hätte ich mit der Großzügigkeit überhaupt kein Problem. Ich würde gleich auch noch den Broccoli und die halbe Schrumpel-Gurke obendrauf legen. Falls es die vom Supermarktregal tatsächlich einmal bis zu mir nach Hause geschafft haben. Großzügigkeit hat aber ja nicht nur etwas mit Veranlagung zu tun, sondern vor allem mit meiner Einstellung und mit meinen Werten. Also damit, woran ich mein Herz hänge. Jesus hat das mal ganz klar auf den Punkt gebracht: „Denn wo euer Schatz ist, da wird auch euer Herz sein. " (Lukas 12,34; LUT). Und wenn eine bestimmte Sache mein Schatz ist, wird es mir sehr schwer fallen, davon abzugeben.

Ich geb's zu: Gäbe es eine Show mit dem Titel „Die Schweiz sucht den Superchrist", würde ich wohl ein Erstrunden-Out mit dreifachem „Leider nein" einkassieren. Wenn da nicht der Faktor Gott wäre. Er hat mein Herz doch schon ziemlich verändert und mich so weit gebracht, dass es mir nicht selten richtig Spaß macht, Menschen zu beschenken.

So versuche ich nun mit Tamara, meiner Frau, einen Lebensstil des Gebens zu leben. Und das nicht nur beim Gemüse, sondern auch dort, wo es um Geld oder um Zeit geht. Ermutigend sind dabei die Auswirkungen, die ich immer wieder erlebe. Und von diesen Auswirkungen spricht auch der Bibelvers Maleachi 3,10 (NL) ganz deutlich:

„Bringt den kompletten zehnten Teil eurer Ernte ins Vorratshaus, damit es in meinem Tempel genügend Nahrung gibt. Stellt mich doch damit auf die Probe", spricht der allmächtige Herr, „ob ich nicht die Fenster des Himmels für euch öffnen und euch mit unzähligen Segnungen überschütten werde!"

Gott verspricht also, uns zu segnen, wenn wir es wagen, großzügig zu sein. Das ist göttliches Prinzip. Nicht, wer sich ängstlich an sein Geld, seine Konten und seinen Besitz klammert, wird gesegnet, sondern wer weitherzig von dem, was Gott ihm anvertraut hat, weitergibt.

Ein Freund von mir hatte immer wieder Probleme mit Geld. Seit ich ihn herausgefordert habe, regelmäßig einen Teil seines Geldes weiterzugeben, sind seine Probleme Geschichte. Vielleicht ein Zufall, ich jedoch glaube, dass genau hier das göttliche Prinzip sichtbar wurde. Möglicherweise kommt Gottes Segen ja in einer unerwarteten Währung zurück, und nicht in Form von Geld, aber sein Segen ist immer gut. In diesem Sinne: Sei von ganzem Herzen großzügig – und gib.

„Gebt, und es wird euch gegeben werden. Ein volles Maß wird man euch in den Schoß schütten, ein reichliches Maß, bis an den Rand gefüllt und überfließend. Denn das Maß, das ihr verwendet, wird auch bei euch verwendet werden."
Lukas 6,38 (NGÜ)

Lies mal, was in Sprüche 11,24–25 steht. Wo hast du die Wahrheit dieser Worte schon selbst erfahren? Oder hast du das Gefühl, dass du bei Gott – oder wegen Gott – ständig zu kurz kommst? Sprichst du mit ihm darüber?

Zehn Prozent von deinem Taschengeld bzw. deinem Ferienjob-Verdienst oder deiner Zeit zu spenden, kann eine gute Hilfe sein, um einen großzügigen Lebensstil zu trainieren. Ich mach das schon, seit ich denken kann. Denn es ist ja nicht so, dass ich zehn Prozent weggeben müsste. Es ist vielmehr so, dass Gott mir hundert Prozent zum Verwalten anvertraut hat. Damit möchte ich so umgehen, dass es seinen Plänen am besten dient. Und was für ein Vorrecht und Vertrauen von ihm ist es, dass ich damit machen kann, was ich will!

Prüf Gott, ob er es gut mit dir meint! Vielleicht kommt sein Segen nicht in Form von materiellen Dingen zurück, wenn du Geld investierst – aber definitiv wird der Himmel über dir aufreißen. Vielleicht erfährst du, wie Menschen durch deine Gaben gesegnet werden, vielleicht bekommst du eine unerwartete Möglichkeit oder jemand lädt dich überraschenderweise zum Eisessen ein ... Versteh Gottes Segen nicht etwa als seine Gegenleistung an dich. Sondern betrachte es als Zusicherung, dass Gott seine Versprechen hält.

 Apostelgeschichte 20,35; 2. Korinther 9,6–12; Philipper 4,19

18. Katzenhaarallergie
und Ventilatorenneurose

Kürzlich machte ich in Salzburg Bekanntschaft mit einer Katze. Nicht mit irgendeiner Katze. Sondern *der* Katze. Genau genommen mit der hässlichsten Katze der Welt. Als ich mich während eines Event-Wochenendes auf das Sofa meiner Gastgeber sinken ließ, erschöpft von einem Stadtausflug, zuckte ich zusammen. Neben mir lag ein haariges Etwas, das sich nach genauerer Betrachtung als Perserkatze entpuppte. Starlight war ihr Name. Aber aufgrund der markanten Zähne wurde sie nur noch liebevoll Vamp genannt. Während ich versuchte, ihre Zähne nicht weiter zu beachten, rutschte ich doch instinktiv ein gutes Stück weiter von ihr weg. Rein präventiv ... Aber nicht nur ich hatte ein Problem. Vamp auch. Sie leidet nämlich an einer Flohallergie. Zudem hat sie noch eine Mäusephobie sowie eine Ventilatoren-Neurose. Ich war irgendwie mitleidig erleichtert, dass Vamp nicht auch noch mit Katzenhaarallergie zu kämpfen hatte. Das stelle ich mir sehr mühsam vor, so als Katze. Als wir beide mit einigem Abstand zusammen auf dem Sofas saßen, wurde mir bewusst, dass Vamp als Hauskatze ja eigentlich ein tolles Leben hat. Für alles ist gesorgt. Nur: Ihr ganzes Leben wird Vamp nie was anderes sehen als die öden Räume dieser Dreizimmerwohnung. Denn draußen ist es für sie viel zu gefährlich. Sie könnte ja im Park von einem tollwütigen Ventilator angefallen werden. Ich überlegte, ob ich ihr ins Ohr flüstern sollte, was ich bei meinem Rundgang durch Salzburg an Spannendem gesehen hatte. Wunderschöne Parks, in denen man

Katzenpuffis hinterlassen könnte; teure Autos, um daran die Krallen zu wetzen ... Aber Vamp wird das alles nie zu Gesicht bekommen, weil sie in ihrer sicheren Festung eingebunkert ist. Sie hat das Träumen aufgegeben und sich in ihrer kleinen Welt eingerichtet. Und darin ist sie uns Menschen in so vielem ähnlich. Vamp könnte sich auch einfach mal durch ein Fenster oder einen offenen Türspalt davonstehlen. Aber sie zieht es vor, sich von den äußeren Einflüssen und der gegebenen Situation beherrschen zu lassen. Ohne zu realisieren, was sie eigentlich im Leben verpasst. Vamp scheint es sogar zu genießen, dass ihr alle Entscheidungen abgenommen werden: wann sie isst, wie viel sie isst, was sie isst ...

Im Leben müssen wir uns wie Vamp immer wieder entscheiden, ob wir über unsere Lebenssituation herrschen oder ob wir uns von ihr beherrschen lassen. Ob wir prägen oder geprägt werden. Ob wir bereit sind, uns mutig raus zu wagen oder ob wir uns von äußeren Einflüssen und Gegebenheiten bestimmen lassen.

Es gibt viele Dinge, die unser Leben beherrschen können: Die Meinung anderer Leute. Die Medien, die uns ein bestimmtes Schönheitsideal aufdrücken wollen. Die Werbung, die uns weismachen will, was wir alles brauchen, um uns gut zu fühlen, oder auch eine Sucht, in die wir hineingerutscht sind. Manchmal reden wir uns aber auch selbst Dinge ein, die nicht der Wahrheit entsprechen: „Ich schaff das nie" oder „Ich bin es nicht wert." Wir sind dann auf diese Lügen programmiert – sie bestimmen unser Leben – und steuern uns, ohne dass wir es merken. Wir richten uns ein in dieser Welt und finden uns mit der Situation ab. Aber Gott möchte, dass wir frei sind von „Fremdbesteuerung", von Dingen und Vorstellungen, die uns einsperren wollen wie Vamp in eine kleine, enge Wohnung. Er will, dass wir uns „raus wagen" und das große Leben leben, das er für uns bereithält.

Der Dieb kommt nur, um die Schafe zu stehlen und zu schlachten und um Verderben zu bringen. Ich aber bin gekommen, um ihnen Leben zu bringen – Leben in ganzer Fülle.

Johannes 10,10 (NGÜ)

 Wovon lässt du dich beherrschen? In welchen Bereichen deines Lebens hast du aufgehört, um Freiheit zu kämpfen? Wo solltest du dich mutig aus der vertrauten Umgebung raus wagen?

 Ein starkes afrikanisches Sprichwort sagt: „Du darfst Gott erzählen, wie groß deine Probleme sind. Aber danach musst du deinen Problemen erzählen, wie groß Gott ist." Sag Gott, wo du dir mehr Freiheit wünschst. Und dann mach deinen „Fremdbestimmern" klar, dass Gott größer ist. Damit sie wissen, mit wem sie es nun zu tun haben.

 3. Mose 26,13; Psalm 31,9; Galater 5,1; Philipper 4,13

19. Null Zeit

Mein Heim ist meine Burg. Ich bin eben Schweizer. Angehöriger eines streitbaren Volkes. Und der Helvetia* gleich guck ich, dass in meine Burg auch sicher niemand reinkommt, der da nicht hingehört. Deshalb pflege ich auch fleißig die Gartenzaunmentalität: Ich liebe meine Nächsten. Aber nur, wenn da noch ein Gartenzaun dazwischen steht. Gartenzäune sind ja gewissermaßen die Nachfahren der früheren Burggräben. Dennoch ist natürlich jeder zu jeder Zeit bei mir willkommen. Ah, nein! Diesen Satz streichen wir wieder. Irgendwelche Leserinnen und Leser könnten das ja austesten und um vier Uhr nachts an meiner Haustür klingeln ... So hab ich's nicht gemeint, sondern so: Jeder ist fast zu jeder vernünftigen Tageszeit willkommen. Aber auch das stimmt nicht, denn eigentlich habe ich null Bock auf „jeden", sondern will oft nur ein paar gute Freunde um mich haben. Um genau dieser Mentalität entgegenzuwirken, haben meine Frau Tamara und ich abgemacht, dass wir ein offenes Haus möchten, einen Ort, an dem Gottes Liebe spürbar wird. Eine echte Herausforderung ist das. Denn das heißt zuerst einmal, dass man sich Zeit für andere nehmen muss. Und genau da hapert's oft. Wie neulich eben. Ich hatte mir einen Tag freigeschaufelt, um eine für den nächsten Tag anstehende Predigt zu schreiben. Mein Ziel war es, den Menschen zu

---

* Das ist die Frau, die auf unserem Fünfzigrappenstück (Füfzgerli) sowie auf dem Ein- und Zwei-Frankenstück stolz den Speer und den Schild hält.

zeigen, wie Christsein im Alltag konkret aussehen kann. Doch am Morgen rief mich ein leicht verzweifelter Freund an, da sein Auto nicht mehr ansprang. Also nichts wie raus und Starthilfe leisten. Die Predigt blieb liegen. Eine Stunde später stand ein frustrierter Versicherungsvertreter vor der Tür, dem man schon von weitem ansah, dass er wieder mal ein nettes Gespräch nötig hatte. Also nichts wie rein in die Wohnung mit ihm und nett zuhören. Die Predigt blieb liegen. Am Nachmittag klingelte noch die Nachbarstochter, da sie eine Bewerbung abschicken musste und „das mit dem Computer und den Dokumenten" nicht funktionieren wollte. Du ahnst es schon: Nichts wie runter zu ihr. Die Predigt blieb liegen. Jedes Mal war ich den Bruchteil einer Sekunde versucht zu sagen: „Ich habe gerade echt null Zeit!" Mir waren der dringende Termin und das Autoproblem meines Freundes egal, genauso wie der Frust des Vertreters und die Arbeitslosigkeit der Nachbarin – für den Bruchteil einer Sekunde zumindest. Mir war bewusst, dass ein Nein mit der Begründung „Ich kann nicht helfen, weil ich gerade darüber nachdenken muss, was Christsein im Alltag bedeutet" so ziemlich unpassend klingen und sanft kontraproduktiv sein würde.

Am späteren Nachmittag ging nochmals eine Stunde drauf: Nach der Ordnung *in* musste noch Ordnung *auf* meinem Kopf geschaffen werden. Dort auf dem Friseurstuhl geschah es. Meine Lieblingsfriseurin machte beiläufig ein paar Bemerkungen und plötzlich fiel es mir wie Schuppen von den Haaren: Den von mir verzweifelt gesuchten Predigtinhalt habe ich mir gerade selbst, wenn auch heftig widerwillig, vorgelebt.

Christsein heißt – nebst anderem natürlich – Zeit zu haben für Menschen und ganz praktisch Nächstenliebe zu leben. Zum Beispiel, in einem Haus zu wohnen, das mindestens eben so offen ist wie das Ohr und das Herz, sodass Freundschaften entstehen und wachsen können.

Als ich einmal voll mit dem Aufbau einer neuen Gemeinde beschäftigt war und so ziemlich jeden Abend da rein investierte, wollte ein Mann eine „Audienz" bei mir haben. Ich fand aber wegen meines ach-so-wichtigen, christlichen Engagements in meinem Terminplaner kein Zeitfenster dafür. Wochen später und nachdem er mehrmals nachgehakt hatte, saßen wir schließlich – zwischen zwei Sitzungen – doch noch auf dem Sofa. Mein Gesprächspartner kam direkt zur Sache, um meine ach-so-wertvolle Zeit nicht zu sehr zu beanspruchen. „Ich will Jesus in mein Leben aufnehmen. Was muss ich tun?" Mein Herz brach auseinander und ich hätte weinen können! Über mich. Hatte ich doch tatsächlich so sehr dafür gelebt, das Menschen Jesus begegnen können, und dann glatt an meinem Ziel vorbeigelebt und jemandem mit genau diesem Wunsch einfach eine Ewigkeit warten lassen!

Christsein hat mit Zeit zu tun. Mit Zeit und echtem Interesse. Das ist mir an diesem Abend superklar geworden.

Deshalb werdet nicht müde zu tun, was gut ist. Lasst euch nicht entmutigen und gebt nie auf, denn zur gegebenen Zeit werden wir auch den entsprechenden Segen ernten.

Galater 6,9 (NL)

 Wie investierst du deine Zeit und was oder wem gehört dein echtes Interesse? Gibt es Menschen in deinem Umfeld, die du völlig übersiehst – bewusst oder unbewusst? Spürst du, dass du eine Sache „eigentlich" tun solltest, es aber nicht in Angriff nimmst – vielleicht sogar unter dem netten Mäntelchen einer frommen Ausrede?

 Such heute bewusst nach Gelegenheiten, wo du jemandem helfen kannst, auch wenn es dich ein wenig Zeit kostet.

 Matthäus 25,31–40; Titus 3,14

20. Die Zukunftserinnerung

Mein ganzer Tag ist bis zum Rand angefüllt mit Hoffnung. Ich merke es meistens gar nicht, aber Hoffnung durchdringt jeden Winkel meines Lebens. Ich hoffe, dass das oberste Shirt auf dem Shirt-Stapel auch wirklich zur obersten Hose auf dem Hosenstapel passt, dass mein Computer heute mal ohne Starthilfe in die Gänge kommt, die Milch im Kühlschrank nicht schon ihr Einjähriges feiert (weil damit mein allmorgendlicher Schokoladenhalbliter ruiniert wäre), dass das Klopapier nicht gerade bei mir alle wird und ich es bis zu meiner Zahnbürste schaffe, bevor mich mein eigener Mundgeruch ausknockt. Ein Tag vollgepumpt mit Hoffnung. Und das waren lediglich die ersten Morgenminuten. Nachher geht's weiter mit der Hoffnung, dass mein Garagist* mir heute freundlicherweise noch ein Zeitfenster für das Ersetzen der Bremsflüssigkeit einräumt, meine Frau nicht den Wagen zum Einkaufen genommen hat, weil das Ersetzen der Bremsflüssigkeit ohne vorhandenes Auto relativ schlecht geht. Ich hoffe darauf, dass mich irgendeine brauchbare Idee für 'ne neue Story für dieses Buch befällt und ich heute endlich mal die schon lange erbetete Lotto-Million gewinne. Wobei ich dazu vielleicht überhaupt erst einmal Lotto spielen müsste. Ein Tag zum Bersten voll mit Hoffnung. Und wir sind erst etwa bei 9.00 Uhr angelangt.

Viele dieser Hoffnungen werden erfüllt. Oftmals mindestens ebenso viele aber nicht. Vielleicht verliere ich manchmal

---

* schweizerisch für Inhaber einer Autoreparaturwerkstatt

die Geduld, die Freude, die Lust – aber nie den Mut, wieder zu hoffen. Denn wenn es etwas gibt, was ich gecheckt habe, dann ist es dies: Dass mein Leben nur pulsiert, solange ich Grund zum Hoffen habe.

Nun ist es eine Sache zu hoffen, dass heute Morgen noch genug Zahnpasta in der Tube ist. Eine andere Sache, die viel wichtiger ist: zu hoffen, dass mein Leben einen Sinn hat. Dass es auf ein Ziel zusteuert. Dass Gott einen guten Plan für mich hat. Dass er mein Leben in seiner Hand hält – was die Zukunft auch bringen mag. Dass ich etwas in dieser Welt bewegen kann, und dass nach dem Tod noch etwas kommt. Wer auf Gott hoffen kann, hat ein gutes Fundament. Schon der Verfasser von Psalm 71 hielt genau daran fest: „Ich werde nicht aufhören, auf deine Hilfe zu hoffen, und dich immer mehr loben" (Psalm 71,14; NL).

Vielleicht ahnst du: Hoffen hat sehr viel mit Glauben zu tun. Diese beiden Dinge lassen sich gar nicht sauber voneinander trennen. Hoffnung sind die letzten paar Zentimeter vor der Grenze zu einem Land, das schier grenzenlos ist: das Land des Glaubens. Du kannst es nur betreten, wenn du die Zone des Hoffens durchschritten hast. Wer nicht mehr hoffen kann, der wird es auch nicht schaffen zu glauben. Der französische Philosoph Gabriel Marcel (1889–1973) hat mal gesagt: „Hoffnung ist eine schöne Erinnerung an die Zukunft." Ich liebe diesen Satz. Denn er drückt aus, was Gott uns durch die Bibel vermittelt. Hoffnung ist eben nicht bloß eine Illusion, die verpufft, sobald wir nach ihr greifen und uns daran halten wollen. Sondern sie existiert aufgrund dessen, was Gott durch Jesus getan hat – und noch tun wird. So hoffen wir nicht bloß darauf, dass wir irgendwann einmal die Ewigkeit bei Gott verbringen werden – so wie man hofft, dass schönes Wetter wird. Nein, unsere Hoffnung ist gegründet auf absolut verlässliche Verheißungen – darauf, was Gott uns in seinem Wort sicher zugesagt hat. Und diese Hoffnung drückt voll in unsere – in deine und meine – Gegenwart hinein. Weil Jesus für uns gestorben ist und von Gott auferweckt wurde, dürfen wir hoffen, dass auch wir am Ende nicht nur ein Partytempel für Würmer sind. Diese Hoffnung ist mehr als nur ein „hoffentlich stimmt, was ich glaube". Es ist eine tiefe Zuversicht. Eine Erinnerung an die Zukunft. Oh, wie ich diese Aussage liebe!

Hoffnung hat also viel mit Glauben, aber auch mit deiner Zukunft *und* mit deiner Gegenwart zu tun. Du musst nicht weltfremd-verklärt lächelnd durch die Gegend laufen, wenn du an das ewige Leben denkst. Aber du musst auch kein schlechtes Gewissen haben, wenn du mit dem Himmel lieber noch ein bisschen warten willst, weil du dein Leben hier zeitweise ganz toll findest und du noch viele Dinge machen willst. Ich wollte als Teenager vor allem deshalb nicht zu früh in den Himmel, weil ich zwei Dinge noch erleben wollte: Sex und selber Autofahren. Jetzt hab ich beides und liebe mein Leben hier in vollen Zügen. (Natürlich auch gerade wegen dieser Dinge.)

Glaube hat etwas mit einer zukünftigen Welt Gottes zu tun, die jetzt schon in dein Leben hineinreicht und sichtbar werden kann. Die Frage ist, wie sehr du das zulässt. Darum ist es nicht egal, wie du jetzt lebst – wo du dich engagierst, ob du dich um deine Umwelt kümmerst oder nicht, wie du dich und deinen Körper gesund und fit hältst, mit anderen Menschen umgehst ... Diese himmlische Hoffnung kann durch jede Pore deines Lebens hindurchdrücken und sichtbar werden! Lass es einfach zu, sodass andere mit dir hoffen wollen. Und gemeinsam werdet ihr immer wieder erleben, wie Gott dieses Hoffen mit kleinen oder großen Zeichen bestätigt. Und wie aus Hoffen ein tragfähiger Glaube entsteht. Mit der Zeit kann man dann gar nicht mehr sagen, was eigentlich zuerst da war – die Hoffnung oder der Glaube.

Was ist nun also der Glaube? Er ist das Vertrauen darauf, dass das, was wir hoffen, sich erfüllen wird, und die Überzeugung, dass das, was man nicht sieht, existiert.

Hebräer 11,1 (NL)

 Xavier Naidoo hat in seinem Song „Alles kann besser werden" folgende Zeilen getextet: „Auch wenn du jetzt bitterlich weinst – bitte gib nicht auf." Denn: „Alles kann besser werden. Holen wir uns den Himmel auf Erden." Diese Hoffnung auf Gott verändert nicht nur etwas an deiner Ewigkeit, sondern es verändert auch dein Leben hier und jetzt.

In welchem Bereich deines Lebens brauchst du momentan noch mehr himmlische Hoffnung? Wo fehlt dir der Glaube daran, dass Gott etwas bewirken kann – oder du etwas verändern kannst?

Wo braucht vielleicht jemand anderes diese Hoffnung? Kannst du ihm hoffen helfen?

 Als Gemeinde haben wir vor ein paar Jahren begonnen, einmal im Monat Lebensmittel und Haushaltsartikel zu sammeln und sie abgefüllt in Papiertaschen an Menschen abzugeben, die es momentan nicht ganz so einfach haben. Da ist zum Beispiel eine eritreische Flüchtlingsfamilie, bei der gerade mal die nötigsten Möbel in der Wohnung stehen, eine alleinerziehende Mutter von vier Kindern und viele andere, denen wir einen Sack voll Hoffnung in ihren Alltag hineintragen.

In welcher Form könntest du jemandem in den nächsten Tagen einen „Sack voll Hoffnung" bringen – egal, wie der auch immer aussehen mag!?

Römer 8,18–25; Römer 15,13;
2. Korinther 4,16–18

21. Die A-Rufung

Berufung – ein magisches Wort. Eine tolle Sache und gleichzeitig superheikel. Denn es gibt viele Menschen, die Jahr für Jahr suchen und warten, um *die* Berufung ihres Lebens zu finden, und die auf einen speziellen Punkt in der Zukunft hoffen, an dem ihr Leben endlich durchstartet wie eine Rakete mit Blähungen. Ich gehörte definitiv in die Kategorie „viele". Du auch? Du wartest auf *den* Traumpartner, mit dem du dann Arm und Arm glücklich umherschlendern kannst – vielleicht an einem Traumstrand oder während eines gemeinsamen Dienstes irgendwo in einem Slum in Uganda (wenn du es ein wenig idealistischer haben möchtest). Du wartest auf *die* Anfrage deines Lebens, auf deine Entdeckung als Musiker, *den* Durchbruch im Sportverein, *das* große Geld oder *den* eigenen Pool – natürlich vor dem eigenen Haus; auf die Fahrprüfung und dein eigenes Auto. Du wartest dein ganzes Leben lang bis zur Rente. Nur wirst du dann vielleicht zu alt sein, um dich zu erinnern, worauf du eigentlich wartest.

Wenn dir also die siebzehnte Fastenwoche immer noch nicht die gewünschte Offenbarung zum Thema Berufung gebracht hat, und du keinen blassen Schimmer hast, wofür du eigentlich auf der Welt bist, dann entspann dich und schau doch einfach mal dein Leben an, so, wie es jetzt ist. Was steckt da alles bereits drin? Was kannst du gut? Kannst du ein Instrument spielen oder fällt es dir ganz leicht, andere zu trösten? Bist du eine Sportskanone oder blühst du richtig auf beim Organisieren eines Events an deiner Schule? Hilfst du gerne oder brechen Menschen in Begeisterungsstürme aus, wenn du nur den Raum betrittst? Wenn wir das B-Rufung nennen, was Gott uns als Auftrag für unser Leben oder zumindest für bestimmte Lebensetappen gibt, dann ist das, was er *von Anfang an* in uns hineingelegt hat, mindestens eine A-Rufung! Und diese A-Rufung finde ich noch faszinierender als die B-Rufung. Erstaunlicherweise decken sich die beiden Sachen früher oder später sogar ziemlich oft ganz gut. Denn Gottes A-Rufung ist ja nicht zufällig da, sondern führt meist direkt in deine B-Rufung hinein.

Natürlich sind es nicht immer nur unsere vorhandenen Fähigkeiten, die Gott gebraucht. Denn er kann dich auch zu etwas b-rufen, wovon du jetzt absolut keinen Plan hast – wozu dir also die A-Rufung fehlt. Als ich als Lehrer in einem Jugendheim gearbeitet hatte, dachte ich oft, dass ich dafür wohl nicht die beste A-Rufung – sprich Fähigkeiten – hatte. Auch hätte ich die Frage, ob mir diese Sache Spaß machte, oft nicht mit Ja beantworten können. Trotzdem hat diese Aufgabe mich in spezieller Weise erfüllt, und ich wusste damals tief in mir drin, dass es keinen anderen Platz gab, an dem ich sein wollte – und an dem ich sein musste. Denn Gott hat genau in jener Zeit stark an meiner Persönlichkeit geschliffen.

Wenn du also herausfinden willst, was deine B-Rufung ist, frage dich nicht bloß: „Was würde ich gerne tun?", sondern entdecke deine A-Rufung, indem du dich fragst: „Was kann ich? Was erfüllt mich? In welcher Sache gehe ich total auf und vergesse alles um mich herum?" Dann leg los. Denn damit festigt sich deine Berufung! Petrus schrieb einmal an seine Mitschwestern und Mitbrüder: „Deshalb, liebe Geschwister, setzt erst recht alles daran, eure Berufung und Erwählung durch ein entsprechendes Leben zu bestätigen. Wenn ihr das tut, werdet ihr vor jedem Fehltritt bewahrt bleiben" (2. Petrus 1,10 NGÜ).

Manchmal hilft bei der Entdeckung der eigenen Berufung auch die Frage, was dich am meisten aufregt – welcher Missstand in der Welt, in deiner Nachbarschaft oder deiner Gemeinde dich total nervt. Mich hat es beispielsweise ständig genervt, dass in unserer Kirche scheinbar niemand ein Herz dafür hatte, ein soziales Projekt ins Leben zu rufen, und wir auch keinen richtigen Arbeitsbereich für Mission hatten. Es hat Jahre gedauert, bis ich realisiert habe, dass diese Sache ja in *meinem* Herzen geschlummert hat und Gott *mich* an diese Stelle setzen wollte.

Jesus erzählt im Neuen Testament (in Matthäus 25,14 f) eine Story über einen Chef, der eine Geschäftsreise machen will und seinen drei Knechten vor seiner Abreise Geld gibt. Er benutzt dafür das Wort „Talent", was damals eine Geldeinheit war. Spannend, dass wir im Deutschen dieses Wort auch für „Begabung" verwenden. Dem einen gibt der Chef nun fünf, dem anderen zwei Talente und dem dritten ein Talent. Die beiden ersten Knechte geben dem Chef dann nach seiner Reise je das Doppelte zurück – und sie werden dafür gelobt. Der dritte Knecht aber hatte nichts aus seinem Talent gemacht und es bloß vergraben, um es möglichst unversehrt wieder an Gott zurückgeben zu können. Doch anstatt Schulterklopfen kriegt er vom Chef heftig die Kappe gewaschen: „Du böser und fauler Mensch! Nehmt ihm das Talent weg und gebt es dem, der die zehn Talente hat!" Gott hat dir deine Talente nicht gegeben, damit du sie ängstlich irgendwo einbuddelst, um sie ihm dann mal wieder sauber geputzt und möglichst ungenutzt präsentieren zu können. Sie sind dafür gedacht, dass du sie einsetzt. Was hindert dich also noch daran loszulegen?

Jeder soll den anderen mit der Gabe dienen, die er von Gott bekommen hat. Wenn ihr das tut, erweist ihr euch als gute Verwalter der Gnade, die Gott uns in so vielfältiger Weise schenkt.

1. Petrus 4,10 (NGÜ)

„XY (dein Name) lebte für …" Wenn so die Inschrift auf deinem Grabstein beginnen würde, was würdest du wollen, dass dort steht? Wofür möchtest du unter deinen Freunden bekannt werden? Was lässt dein Herz ein paar Takte schneller pumpen?

Mach eine Liste von den Dingen, die du saugut kannst. Vielleicht gibt es auch Sachen, die du gar nicht mal so super kannst, die dir aber immer dann, wenn du sie tust, ein Gefühl der totalen Lebendigkeit geben. Schreib sie auch mit auf. Such auch nach Fähigkeiten, die nicht gerade offensichtlich sind. Vielleicht steht zuoberst auf deiner Liste „Klavierspielen", aber dann entdeckst du plötzlich noch „ein großes Herz für Menschen" oder eine „Leidenschaft für fremde Kulturen". Leg dir dann noch eine zweite Liste an und bitte deinen besten Freund/deine beste Freundin oder deine Familie, sie auszufüllen. Vielleicht helfen dir die Listen zu entdecken, was Gott bereits in dein Leben hineingelegt hat. Das Leben ist spannend – viel Spaß beim Entdecken!

Matthäus 25,14–30; 1. Korinther 7,20

22. Der Vogelangriff

Während einer Veranstaltung hatte ich mein Auto fünf Tage lang an derselben Stelle unter einem Baum geparkt. Von Abend zu Abend tat mir mein Gefährt mehr leid, denn jedes Mal lagen noch mehr Zweige und Blätter auf ihm als am Vortag. Insgeheim befürchtete ich, dass am Wochenende nur noch der Stamm stehen würde und der Rest der Baumkrone meinen Wagen unter sich begraben hatte. Was aber noch viel hässlicher war: Ein paar Vögel hatten sich den Spaß gemacht, den ganzen lieben langen Tag von oben herab auf meinen Wagen zu zielen. Wenn es nur beim Zielen geblieben wäre, hätte ich das ja auch noch akzeptieren können, aber leider ließen sie ihren Zielübungen auch Taten folgen. Sie koteten meinen Wagen regelrecht zu. Dabei lernte ich eine wichtige Lektion, denn nur ein paar Wochen davor hatte ich auf der Autobahn einen Vogel im Flug erwischt. Also er flog, nicht ich. Normalerweise umkurven diese Federdinger ja supergeschmeidig jedes Objekt. Ich war mir sogar ziemlich sicher, dass man so einen Vogel gar nicht treffen *kann*. Vielleicht hatte er aber gerade kurz was im Auge. Oder er hatte im Flug telefoniert oder getwittert (so was machen Vögel nämlich) und war leicht abgelenkt. Denkbar wäre auch, dass er schon altersschwach war und bei meinem Anblick mitten im Flug einen Herzstillstand erlitten hatte. Diese Version würde mich ein wenig kränken, aber dafür wäre sein Ableben umso gerechtfertigter. Jedenfalls ist er voll in mich reingedonnert, um Sekunden später weit hinter mir den Asphalt zu küssen, was mir mein verdatterter Blick in den Seitenspiegel offenbart hatte. Im Nachhinein nehme ich an, dass er mich wahrscheinlich schlicht und einfach vollkacken wollte und sich dabei ziemlich verschätzt hatte. Ich bin mir sogar ganz sicher. Es war also ein perfider Angriff auf die einigermaßen saubere Oberfläche meines geliebten Skodas. Damit wären wir bei der Lektion, die ich dabei gelernt habe: Unterwegs sein ist sicherer, auch wenn man manchmal im Leben das Gefühl hat, dass es besser wäre, sich nett irgendwo hinzusetzen und sich nie mehr zu bewegen. Während mein Wagen wunderbar einfach zu treffen war, als er unter dem Baum schnarchte, musste der Vogel sein Leben riskieren, als er mich im vollen Flug erwischen wollte. Dabei erwischte ich ihn in voller Fahrt.

Genauso ist es mit dem Glauben auch. Wer seinen Glauben bloß irgendwo schattig unter einem Baum parkt und völlig passiv bleibt, muss sich nicht wundern, wenn es ihm so richtig besch*** geht. Denn der Glaube „verkrustet" dann und wird von anderen Dingen überdeckt, die wichtiger erscheinen, aber sich beim genaueren Hinsehen manchmal als „Kacke" herausstellen. Gottes Gegenspieler hat ein leichtes Spiel mit uns, wenn wir uns bequem zurücklegen und vor uns hinrosten. Die Nachfolge, zu der Jesus uns auffordert, funktioniert nicht im Stillstand. Man muss in Bewegung bleiben, und dabei scheuert man sich auch mal den Hintern wund. Jesus zu folgen ist etwas Aktives. Natürlich kann man im Leben nicht ständig auf Hochtouren laufen und das Gaspedal bis zum Anschlag runterdrücken. Es gibt immer wieder Zeiten, in denen alles ein wenig vor sich hin dümpelt und das darf auch sein. Dennoch ist es wichtig, unterwegs zu bleiben, und nicht das Gefühl zu entwickeln, man hätte es jetzt erreicht und geschafft und man könne und wisse alles. Ich hab mal gedacht, ich sei jetzt „fertig" als Christ und hätte alles gecheckt. In Wahrheit bin ich einfach auf der Stelle stehen geblieben wie der Mauszeiger auf meinem Bildschirm, wenn er sich keinen Millimeter mehr bewegen lässt – und nichts ging mehr. Bis Gott mich in einem Slum in Äthiopien mit einem liebevollen Schubser aus dem Gleichgewicht brachte. Damals ist mein Glaube wie ein Vulkan regelrecht neu „ausgebrochen".

Wenn ich Gott im Alltag oder im Gottesdienst aktiv *suche*, anstatt den Gottesdienst nur zu *besuchen* und mich zurückzulehnen, dann lodert dieses Feuer in mir immer wieder auf. Und ich wünsche dir, dass du das auch erfahren kannst! Gott möchte dich ein Leben lang verändern – lass ihn ran an dich und bleib in Bewegung. Hör nicht auf, mit ihm unterwegs zu sein. Wer nicht auf der Stelle tritt, ist von schrägen Vögeln, die der Teufel schickt, nur noch schwer zu treffen – dafür wird es dann plötzlich für sie gefährlich, und wenn sie nicht aufpassen, hat sich's ganz schnell ausgezwitschert. Diese schrägen Vögel können seine Diener sein, die dir zum Beispiel weismachen wollen, was dir im Moment gerade guttun würde, auch wenn du tief in dir drin 100prozentig davon überzeugt bist, dass es dir auf die Dauer gesehen alles andere als gut tun wird. Sei mutig und pfeif auf sie!

Zusätzlich zu all dem ergreift den Schild des Glaubens, mit dem ihr jeden Brandpfeil unschädlich machen könnt, den der Böse gegen euch abschießt.

Epheser 6,16 (NGÜ)

 Wie lebendig ist deine Beziehung zu Gott zurzeit? Wo hängst du vielleicht fest, kommst nicht weiter? Was kann dir helfen, mit Jesus „in Fahrt" zu bleiben?

 Hast du geistliche Vorbilder, die dir helfen, im Glauben zu wachsen und mit Gott unterwegs zu sein? Es ist nicht immer leicht, am Glauben festzuhalten, daher sind Vorbilder wichtig. Lass dich vom Glauben anderer inspirieren. Du kannst auch Biographien von geistlichen Vorbildern lesen. Das hilft, in der Spur zu bleiben. (Meine absoluten Lieblings-Inspirationsbücher sind die Bände von „Gottes Generäle".)

 Römer 8,35–39; 1. Korinther 10,12; Hebräer 12,12–13

23. Was mich mein Pizzakurier lehrte

Auf den Bushara-Inseln, mitten in einem auf über 2.000 Meter hoch gelegenen See irgendwo im Süden Ugandas, nahe der Ruandischen Grenze und dem Kongo, hatte ich das Gefühl, dem Alltag wirklich entkommen zu sein. Die kleinen Hügel-Inseln sind ein wunderbarer Ort zum Träumen, wie die Buckel des Ungeheuers von Loch Ness ragen sie aus dem Wasser. *Ungeheuer*lich schön, sozusagen. Auf den Inseln gibt es kein elektrisches Licht, dafür eine Freiluftdusche, die man sich ein paar Stunden im Voraus bestellen muss, da das Wasser von Hand (oder besser: per Kopf, denn wir sind ja in Afrika) angeschleppt werden muss. Unsere Insel war wild bewachsen und ein Paradies für unzählige Vogelarten. In knapp vierzig Minuten hatten wir das Eiland einmal mit dem Einbaum – dem bevorzugten und einzigen Fortbewegungsmittel dort – umrundet. Motorengeräusche hörte man überhaupt nicht, was einem das Gefühl gab, in einem Bildband über längst vergessene paradiesische Ferienorte gelandet zu sein.

Eines Abends lag ich friedlich in unserer Unterkunft, einem rustikalen Bungalow, und war gerade am Eindösen. Es war noch nicht ganz 22 Uhr, aber da das elektrische Licht fehlte, lullten mich die Kerzen und der Duft der Gaslampe ziemlich schnell ein. Da klingelte auf einmal mein Handy. Ich wusste bis dato nicht mal, dass man auf den Bushara-Inseln überhaupt Empfang hat! Benommen nahm ich den Anruf entgegen und eine Männerstimme in gebrochenem Deutsch krächzte: „Tonis Pizzakurier Landquart [mein Nachbardorf!]. Ist da Markus?" Nein, ich bin nicht Markus. Und wäre ich

Markus gewesen, hätte ich es abgestritten. Ansonsten wäre es die teuerste Pizzalieferung der Welt geworden, über 5.000 Kilometer von Landquart ins ugandische Niemandsland. Klar war der Gedanke an Pizza bestechend, wo ich gerade einen ganzen Topf randvoll mit Ziegeninnereien vorgesetzt bekommen hatte, die ... nun ja, eher schwierig runterzubekommen waren. Aber ich mag kalte Pizza nicht.

Während ich also wieder versuchte, den Anschluss an meine Tagträume zu finden, wurde mir bewusst: Ich kann weder meinem Alltag noch Tonis Pizzas entfliehen. So ähnlich musste sich David gefühlt haben, als er schrieb: „Wohin kann ich gehen, um dir zu entrinnen, wohin fliehen, damit du mich nicht siehst? ... Fliege ich dorthin, wo die Sonne aufgeht, oder zum Ende des Meeres, wo sie versinkt: Auch dort wird deine Hand nach mir greifen, auch dort lässt du mich nicht los!" (aus Psalm 139; LUT). Davonlaufen nützt nix. Und trotzdem versuchen wir es immer wieder. Wir laufen davon, wenn wir Gott nicht 100-prozentig vertrauen, dass er es wirklich gut mit uns meint.

Ich bin Gott davon gelaufen, als es darum ging, meine Traumfrau zu finden – irgendwie hatte ich das Gefühl, dass ich besser weiß, wen ich will und wer zu mir passt. Hätte ich ihm von Anfang an vertraut, wäre ich die Mission „Traumfrausuche" relaxter angegangen und hätte so manche Träne und viele schmerzhafte Gespräche vermeiden können.

Ich bin davon gelaufen, als ich plötzlich vor die Aufgabe gestellt wurde, eine CVJM-Gruppe zu leiten, weil meine Leiter gegangen waren. Gott hat mir da definitiv mehr zugetraut als ich mir selbst. Und natürlich hat er Recht gehabt. Wie immer.

Wo vertraust du Gott nicht und läufst vor ihm davon? Vielleicht ist es dir nicht mal bewusst, dass du vor Gott davonläufst – es hat sich einfach so ergeben, weil du zum

Beispiel wegen eines Hobbys gar keine Zeit mehr hattest, Zeit mit ihm zu verbringen. Du hast gar nicht bemerkt, wie du automatisch auch gar nicht mehr so Lust hattest, Zeit mit Gott zu verbringen. Und plötzlich steht ihr kilometerweit auseinander. Aber Gott ist niemals so weit von uns weg, dass wir nicht zu ihm zurückfinden könnten. Er ist immer nur ein Gebet von uns entfernt!

Gott hätte ja eigentlich zig Mal mehr Gründe, vor dir davonzulaufen. Aber er tut es nicht. Denn er hat dich geschaffen, er liebt dich über alles und er glaubt an dich. Manchmal ist es sehr befreiend zu checken, dass Gott oft mehr an mich glaubt als ich an ihn! Lauf nicht vor ihm davon. Es bringt auch gar nichts, denn Gott ist nämlich noch viel besser als Toni. Er findet dich sogar an Orten, wo es nicht mal mehr Handy-Empfang gibt. Mein Vorschlag ist deshalb: Gib deine Fluchtpläne auf, versöhn dich mit Gott und futtere zusammen mit ihm friedlich deine Pizza.

Wohin könnte ich schon gehen, um deinem Geist zu entkommen, wohin fliehen, um deinem Blick zu entgehen?

Psalm 139,7 (NGÜ)

 Wenn du auf einem Blatt Papier Gott in die Mitte zeichnen würdest – wo wärst dann du? Ganz nah bei ihm, oder irgendwo am Rand, vielleicht schon auf der Tischplatte? Was genau würde euch zwei näher zueinander bringen?

 Bestell dir eine Pizza, reiß den Pappdeckel ab und schreib da alles drauf, weswegen du am liebsten vor Gott davonlaufen würdest. Nimm dir die Pizza und gib ihm den Deckel. (Du kannst ihn anschließend zerstückeln und entsorgen.)

 1. Mose 3,8–9; Psalm 139,9–10; Jona 1,1–10

24. Alles ergibt Vier

Hast du Lust auf ein kleines Spiel? Du darfst erst zum nächsten Schritt übergehen, wenn du den vorhergehenden erledigt hast. Okay?

1. Denk dir eine Zahl zwischen 1 und 10. Hast du sie? Ne, siebzehn gilt nicht.
2. Multipliziere diese Zahl mit 9.
3. Bilde die Quersumme dieser Zahl. Ach, guck nicht so – die Quersumme! Du nimmst jede einzelne Ziffer und addierst diese miteinander. Von 53 ist die Quersumme 5 + 3 = 8. Also: Quersumme bilden!
4. Subtrahiere 5 davon.
5. Nimm den Buchstaben des Alphabetes, der deiner Zahl entspricht. A wäre 1, B wäre 2 usw.
6. Denk dir nun ein europäisches Land aus, das mit diesem Buchstaben anfängt und nicht an die Schweiz grenzt ... und eine Frucht.

¿ʇsɐɥ uləʇʇɐ◌ pun ʞɹɐɯ◌u◌◌ np ssɐp 'ɥɔıl◌◌ɯ sə ʇsı :◌unsọ◌

Falls nicht, hast du dich entweder in der Rechnung verlaufen oder du hast eben kürzlich in der Dominikanischen Republik einen Dosenpfirsich gegessen. Ansonsten bleiben die meisten bei Datteln in Dänemark.

Das Tolle ist, dass man bei der Rechnung immer bei vier landet, egal, wie man es anstellt. Genau diese Dinge habe ich an Mathe schon immer geliebt. Es ist nicht ständig anders. Nicht wie bei Französisch, mit all den Ausnahmen. Dort ist's eine Ausnahme, wenn mal keine Ausnahme auftaucht. Ich wünschte mir, Gott wäre in unserem Leben genau wie die Vier in dieser Rechnung. Ganz egal, wie wir in unserem Leben rechnen, es soll immer vier beziehungsweise er am Ende der Rechnung stehen.

Paulus schrieb an die Kolosser (Kapitel 3,17+23), dass alles, was wir tun, zur Ehre Gottes geschehen soll. Alles soll „vier" ergeben. Egal, wie man es dreht oder wendet, am Schluss soll Gott stehen.

Ich merke, dass ich da manchmal noch weit davon entfernt bin. Ich mache eine Ausbildung und frag mich, ob ich am Schluss lieber den Titel am Klingelschild oder eher das Wissen in der Tasche hätte. Dr. A. Boppart ... hätte mich eigentlich schon immer mal gereizt. Ich stampfe ein paar coole Projekte aus dem Boden und frag mich, ob es wirklich nur darum geht, dass Menschen dadurch Gott begegnen können, oder ob doch noch ein paar Prozentchen von mir es einfach lieben, wenn Leute staunen, was ich zu Stande gebracht habe. (Natürlich gemeinsam mit Gott, versteht sich.) Möchte ich mit meinen Predigten vor allem den Leuten gefallen oder Gott? Ich frag mich, ob am Ende des Tages, bei all dem, was ich so dahergeredet habe, wirklich am Schluss „vier" steht, oder ob ich manchmal alles andere als Gott geehrt habe. Manchmal muss ich da gar nicht weit suchen, um zu wissen, dass ich völlig danebenliege mit meinem Resultat.

Was ist mit dir? Ergibt dein Reden „vier"? Was sind deine wahren ehrgeizigen Ziele, wenn du Dinge scheinbar für Gott tust? Hilfst du mit, sein Reich auszuweiten oder versuchst du, auch ein wenig an deinem eigenen kleinen Reich zu basteln? Seit vielen Jahren schon ist mein Gebet vor jeder Predigt, die ich halte, dass Gott der Mittelpunkt bleibt. Ich bitte ihn: „Dein Reich soll heute ausgeweitet werden und nicht meines."

Willst du, dass man dir am Ende deines Lebens ein fünf Meter großes Denkmal in deiner Geburtsstadt baut und eine

Straße nach dir benennt, oder möchtest du, dass die Leute sagen: „Wow, da hat Gott durch ihn oder sie kräftig was verändern können in unserer Region!"?

Ich habe mich entschlossen, dass alles in meinem Leben „vier" ergeben soll. Wenn ich am Mittwoch zum Volleyball-Training gehe, dann nehme ich Jesus mit in die Turnhalle. Schließlich wohnt er in mir. Und er spielt mit. An jedem Tag der Woche, rund um die Uhr. Ich rechne mit ihm. Das gelingt manchmal gut und manchmal weniger. Aber egal, was ich gerade tue – am Ende soll Gott stehen.

Ob ihr nun esst oder trinkt oder was ihr auch tut, das tut alles zu Gottes Ehre.

1. Korinther 10,31 (LUT)

Was könntest du in der nächsten Woche alles *mit* anstatt *ohne* Gott machen? Und wie sieht es aus, wenn du es mit anstatt ohne Gott tust? Verändert sich etwas an der Sache? Oder bei dir? Oder bei den Menschen, mit denen du zu tun hast?

Such dir in der nächsten Woche eine Sache, einen Termin, eine Begegnung oder ein Hobby, dass dir wichtig ist, und wo bisher vielleicht nicht „vier" dabei rausgekommen ist. Überlege dir, wie du so rechnen kannst, dass am Ende eine „vier" steht. Und dann tu es!

Johannes 7,18; 1. Korinther 6,20; Kolosser 3,23

25. Der Aussätzige

Hast du dich schon mal gefühlt wie ein Aussätziger? Total einsam, isoliert? Weißt du, was ein Aussätziger zu Jesu Zeiten war? Aussatz ist eine der ältesten Krankheiten, die man kennt. Sie kann von relativ harmlosen Hautkrankheiten bis hin zu Lepra reichen, mit tödlichem Ausgang. Bei der heftigen Form wurde der Körper regelrecht von der Krankheit zerfressen. Aussätzige durften keinen Kontakt mehr mit den Gesunden haben und wurden außerhalb der Siedlungen ausgesetzt, daher kommt auch der Name. Im Alten Testament gibt es eine krasse Stelle, wo es heißt: „Wer nun aussätzig ist, soll zerrissene Kleider tragen und das Haar lose und den Bart verhüllt und soll rufen: Unrein, unrein! Und solange die Stelle an ihm ist, soll er unrein sein, allein wohnen, und seine Wohnung soll außerhalb des Lagers sein." (3. Mose 13,45–46; LUT). Echt abartig, nicht wahr? Stell dir vor, du kriegst die Masern und anstatt dass man dich lieb umsorgt, schmeißt man dich vor die Stadt und du musst dich noch so kleiden, dass jeder sieht, dass du krank bist – und zudem bist du noch verpflichtet, die Leute mit lautem Rufen vor dir zu warnen! Essen wurde den Aussätzigen damals an vereinbarte Plätze abgegeben, aber wenn sie zu nahe an die Siedlung kamen, durfte man sie mit Steinen tot schmeißen. Die Angst vor einer Ansteckung, verbunden mit der Angst, sich unrein zu machen, wenn man sich mit so einem Menschen abgab, war riesig. Schlimmer als die Krankheit war für die Betroffenen das völlige Isoliertsein von anderen Menschen.

Im Neuen Testament wird von einem Aussätzigen berichtet, um den es wirklich schlimm stand. Vielleicht war er schon Jahre krank oder gar Jahrzehnte. Man hatte mit ihm nicht mehr gesprochen, ihn nicht mehr berührt – und so siechte er völlig isoliert von der Gesellschaft dahin. Bis er von diesem Jesus hört, der Menschen heilt. Als der Kranke zu ihm stürmt und vor ihm auf die Knie fällt, sind wahrscheinlich die Jünger und die Umstehenden abgehauen, einige haben sich vielleicht sicherheitshalber schon mal einen Stein geschnappt und darauf gewartet, dass Jesus verzweifelt schreit: „Wuäääahhhh, schmeißt Leute, schmeißt!" Aber so ist Jesus nicht. Es heißt von ihm, dass er seine Hand ausstreckte und ihn anrührte – man kann es auch übersetzen mit „umarmen, in die Arme nehmen". Wow! Da kniet dieser schmutzige, eklige, übel riechende und hässlich anzusehende Typ im Staub – und Jesus heilt ihn nicht aus einer sauberen Distanz, sondern geht auf ihn zu und nimmt ihn sogar in den Arm! Das war ein Skandal, einfach unerhört! Kannst du dir vorstellen, was das für diesen Mann bedeuten haben muss? Er, der vielleicht schon jahrelang nicht mehr berührt worden war, wurde nun von Jesus in die Arme genommen. So eine Berührung lässt Dämme brechen! Und genau so ist Jesus! Bestimmt musste auch er sich überwinden. Aber er hat es getan.

Als ich in den Slums in Äthiopien mit den Kindern spielen wollte, die nur eine Kleidergarnitur hatten, schmutzig waren und übel rochen, kostete es mich anfangs einiges an Überwindung. Es dauert ein Weilchen, bis man die Person sieht und nicht mehr nur das Äußere. Genauso viel Überwindung muss es Gott kosten, wenn er *mich* lieben will – denn ich mach mich täglich schmutzig, mit dem, was ich denke, sage und lebe. Aber er nimmt mich trotzdem in den Arm. Was für eine Liebe muss in ihm pulsieren!

Dieser Jesus will nicht einfach nur ein bisschen heilen und sich dann feiern lassen. Er will an die tiefsten Sehnsüchte und Nöte unseres Lebens ran. So ist es auch spannend zu lesen, dass der Aussätzige nicht einfach bittet: „Mach mich *gesund!*" Sondern er sagt: „Willst du, so kannst du mich *reinigen.*" Es ging ihm nicht mal primär um seine Krankheit, sondern darum, dass er durch die damit verbundene religiöse Unreinheit von den Menschen isoliert war. Das war seine größte Not. Und mitten in dieser Not begegnete ihm Jesus, indem er ihn berührte.

Egal, wie du dich grad fühlst, wie groß deine Not ist, wie einsam du bist: Gott möchte dich liebevoll umarmen! Du bist nie zu „schmutzig" für ihn. Ihn hindert nichts an dir – auch der größte Misthaufen in deinem Leben nicht – sich dir in Liebe zuzuwenden. Und seine Berührungen sind wirklich heilsam!

Heile du mich, Herr, dann werde ich gesund, hilf du mir, dann ist mir geholfen.

Jeremia 17,14 (NL)

 Wo fühlst du dich einsam oder krank oder „dreckig" und würdest dir wünschen, dass Gott dich berührt und gesund oder sauber macht? Du kannst mit allem zu ihm kommen, was dich belastet: Schuld, Versagensängste, einer Krankheit, Problemen mit Klassenkameraden oder in der Familie, auch deinem Gefühl, von anderen nicht beachtet zu werden. Lass dein Herz von Gott berühren. Bitte ihn, dir ganz persönlich zu begegnen – er hat versprochen, es zu tun!

 Lass dir von Gott in den nächsten Tagen Menschen zeigen, denen eine Umarmung von dir gut täte – und dann wage es!

 2. Mose 15,26; Lukas 5,12–13; Lukas 6,36; Lukas 8,43–48

26. Gott wendet alles zum Besten

Als ich mit meiner Assistentin in Estland für den Rückflug in die Schweiz einchecken wollte, dämmerte uns, dass irgendetwas mit der Uhrzeit nicht stimmte. Zuerst waren wir irritiert, bis ein Uhrenvergleich ergab: Wir hatten die Zeitverschiebung nicht einberechnet und waren tatsächlich eine Stunde zu spät zum Flughafen gefahren. Alles Bitten half nichts, unsere Plätze blieben unbesetzt und wir mussten für 700 Franken umbuchen. Autsch. Ich versuchte entsprechend meiner optimistischen Persönlichkeit, das Ganze als ein Abenteuer anzusehen, während meine weise Assistentin bloß murmelte: „Na, da bin ich mal gespannt, wem wir da im nächsten Flug begegnen müssen . . . .‟ Und wie sie damit richtig lag!

Im ersten Flugzeug saß direkt neben uns Olga, eine russisch sprechende Frau aus Estland, die sich die Hände vors Gesicht hielt und Rotz und Wasser heulte. Da ich kein Taschentuch bei mir hatte, riss ich spontan das weiße Tuch vom Vordersitz, das als Kopfschutz dient, und reichte es ihr. Sie war völlig überrascht und ein Lächeln zeichnete sich auf ihrem Gesicht ab. Wir kamen ins Gespräch, und es stellte sich heraus, dass sie panische Flugangst hat. Sie versuchte diese mit Alkohol zu bekämpfen und hatte sich extra ein orthodoxes Gebetsbuch gekauft, dessen Gebete sie schon fast in Trance runterratterte. Trotzdem sei ihr Lebenswandel alles andere als fromm, wie sie selber von sich sagte. Sie sei auch gerade zu einem verheirateten Lover in Dänemark unterwegs. Wir sprachen den ganzen Flug über miteinander und beteten während des Landeanflugs auch noch gemeinsam. Anstatt vier Fläschchen Schnaps reichte diesmal eines. Ich bin mir ganz sicher, dass Gott Olga begegnen wollte. Auch sie sah das so: „Das ist doch kein Zufall, dass genau ihr neben mir sitzt!" Sie war tief berührt, als ich ihr erklärte, dass wir eigentlich gar nicht in diesem Flugzeug hätten sitzen sollen und dass sie Gott anscheinend mindestens 700 Franken wert war. Auch wenn er mich bezahlen ließ ...

Fast schwebend vor Glücksgefühlen bestiegen wir unser zweites Flugzeug und es dauerte nicht lange, da waren wir mit der Frau neben uns im Gespräch. Mein Kiefer knallte mir beinahe in den Salat, als sie mir auf meine Frage, was sie für eine Sprache spreche, antwortete: „Aramäisch". Ich fragte ungläubig zurück: „Also ... äh ... diese Jesus-Sprache?" Worauf sie mich erstaunt und zugleich erfreut ansah. Denn noch nie zuvor hatte das jemand erkannt, alle dachten immer, sie sei aus Armenien. Die Frau war erst ein paar Monate in der Schweiz, da sie hierhin geheiratet hatte und war total überrascht, Christen zu treffen –ihrer Meinung nach seien die total dünn gesät hier. Auch sie war überzeugt, dass diese Begegnung kein Zufall sein konnte, und gab mir damit den Steilpass, meinen Runing Gag „Du bist Gott anscheinend mindestens 700 Franken wert" anzubringen. Zugegeben: Das war ein wenig geflunkert, da Gott ja schon 350 Franken für Olga eingeplant hatte. Aber wir wollen jetzt mal nicht kleinlich sein ...

Gott hatte mir auf dieser Reise eine starke Lektion erteilt: In meinem Alltag geschehen immer wieder Dinge, die ich nicht geplant habe (und die ich eigentlich so überhaupt nicht will). Diese erstaunlichen Begegnungen im Flugzeug lassen mich erahnen, dass sehr viel mehr Planung hinter unserem Leben steckt, als wir oft erahnen. Gott zieht oft im Hintergrund die Fäden – und wir erkennen nicht selten erst viel später, dass er mitgemischt hat. Dass es kein Zufall war. Dass sich eine Verkettung unglücklicher Umstände in etwas geradezu Geniales verwandelt hat. Dass es doch irgendwie einen Sinn gehabt hat. Und das macht für mich das Leben mit Gott so ungeheuer spannend, finde ich!

Ein Mensch kann seinen Weg planen, seine Schritte aber lenkt der Herr.

Sprüche 16,9 (NL)

Wenn es stimmt, dass Gott sogar die Haare auf unserem Kopf gezählt hat (nachzulesen in Lukas 12,7), muss er wirklich alles im Griff haben. Mach es dir zur Gewohnheit, ganz besonders dort mit Gottes guten Überraschungen zu rechnen, wo es nicht nach deinem Kopf und deinem Plan gelaufen ist! Werde zum Entdecker und suche aktiv nach Gottes Handschrift in deinem Alltag – gerade dann, wenn die Situation ein wenig verkorkst erscheint.

Achte in den nächsten Tagen mal auf Personen, die du sonst nicht beachten würdest. Frag dich bei jeder, ob Gott vielleicht etwas mit ihr vorhat – und folge dann deinem ersten Impuls. Glaub mir: Eine neue Welt wird sich vor dir auftun und dein Alltag wird sich in einen Abenteuerspielplatz verwandeln!

Psalm 33,13–22; Römer 8,28

27. Tierisch leben

Stell dir vor, du sitzt ziemlich weit oben auf einem Baum neben deinem besten Freund, dem Vögelchen. Ihr seid zusammen da aufgewachsen, kennt euch nun doch schon euer ganzes Leben. Plötzlich breitet der Piepmatz seine Flügelchen aus, beginnt wie wild zu flattern, schmeißt sich vom Ast und fliegt. Keine Ahnung, wer mehr begeistert ist, er oder du. Du siehst ihm staunend bei seinen ersten Flugversuchen zu, wie er seine Kreise am Himmel zieht und verdrückst ein paar Tränchen – bist du realisierst: „Ich sollte das ja auch können!" Du nimmst also Anlauf, flatterst mit deinen Flügelchen und schmeißt dich mit einem lauten „Wahuuuuu" kopfüber vom Ast. Und du fliegst. Senkrecht nach unten, ohne auch nur den kleinsten Umweg. Der Aufprall auf dem Boden knockt dich komplett aus, verschiebt dir die Visage, und nach ein paar Minuten, als du wieder erwacht bist, hast du das Gefühl, dass deine Knochen neu geordnet wurden. Trotz der Schmerzen und dem Schock, der dir in deinen Gliedern steckt, kletterst du sofort wieder rauf – ein bisschen eifersüchtig, dass es bei deinem Freund gleich beim ersten Mal geklappt hat. Und nun beginnt der dramatisch traurige Teil deiner Geschichte: Denn du verbringst den ganzen kläglichen Rest deines Lebens damit, dich von diesem Ast runterzuwerfen. Schon nach wenigen Tagen kann man dich hinter deinem angeschwollenen Gesicht kaum mehr erkennen. Doch alle Versuche bleiben erfolglos. Deine Freunde ziehen sich zurück, weil du völlig verbissen, verbittert und krankhaft flugsüchtig geworden bist – und dein Leben wird ziemlich einsam.

Wäre es nicht enorm befreiend und hilfreich gewesen, wenn dir jemand gesagt hätte, dass du gar kein Vogel bist, sondern ein Eichhörnchen?

Wir Menschen haben ein großes Problem: Wir vergleichen uns immer wieder mit anderen. Wir sehen deren Erfolg, wir sehen deren Stärken, wir sehen deren Eigenschaften und Talente – und vergleichen uns mit ihnen. Wir schauen auf das, was andere besitzen und was für ein Glück sie haben – und baden uns im Selbstmitleid. Oft versuchen wir krampfhaft, irgendeinem Idol nachzueifern und etwas zu werden, dass wir gar nicht sind, und wenn wir ehrlich wären, auch gar nicht wirklich sein wollen. Wir verlieren dabei völlig aus den Augen, was wir eigentlich sein könnten. Was in uns steckt. Was für eine Party wäre das da oben auf dem Baum gewesen, hättest du als Eichhörnchen gelebt und für deinen Freund, den Vogel, Nüsse geknackt, die er selber gar nicht aufkriegt! Aber du hast dich stattdessen aufs Fliegen versteift und alles andere vergessen ...

Weißt du, was in dir steckt? Warum ziehen dich die Begabungen, die andere haben, so sehr an, dass du gar nicht nach den Gaben suchst, die Gott in dich hineingelegt hat?

Albert Einstein soll einmal gesagt haben: „Jeder ist ein Genie! Aber wenn du einen Fisch danach beurteilst, ob er auf einen Baum klettern kann, wird er sein ganzes Leben glauben, dass er dumm ist."

Du bist weder Fisch noch Vogel. Lebe, wozu Gott dich geschaffen hat, und du wirst aufblühen und die Menschen um dich herum werden auch aufblühen. Mache nicht einfach nur nach, was andere machen und gut können, sondern schau auf das, was *du* hast und kannst. Und dann setz diese Gaben und Begabungen ein. Du wirst merken, dass du damit megaviel bewegen kannst!

Jeder soll den anderen mit der Gabe dienen, die er von Gott bekommen hat. Wenn ihr das tut, erweist ihr euch als gute Verwalter der Gnade, die Gott uns in so vielfältiger Weise schenkt.

1. Petrus 4,10 (NGÜ)

Das Sich-mit-anderen-Vergleichen ist kein neumodisches Problem unseres Jahrhunderts. Schon ganz am Anfang der Bibel steht eine Story über das Sich-Vergleichen mit anderen, die ziemlich übel ausgegangen ist. Lies mal nach in 1. Mose 4,1–16.

Welche Gabe, welches Talent, welche Fähigkeit hast du – und wie kann diese Gabe für andere zum Segen werden? Nimm dir bewusst vor, mit dieser Fähigkeit in dieser Woche jemandem einen Dienst zu erweisen bzw. eine Freude zu machen.

2. Mose 31,2–5; Römer 12,3; 1. Korinther 12,28–31

28. Das 250-Millionen-Bild

Es gibt eigentlich nur zwei Sorten von Menschen. Diejenigen, die mit Stolz zu kämpfen haben, und diejenigen, die sich mit Minderwertigkeitsgefühlen rumschlagen. Natürlich ist es nicht immer gleich so offensichtlich, aber jeder Mensch neigt meist in die eine oder andere Richtung. Einen gesunden Selbstwert zu besitzen, ist immer eine Gratwanderung. Vielleicht gehörst du ja zu denen, die von sich selbst ziemlich überzeugt sind (das ist jedenfalls eher mein Ding) und von sich denken, dass sie zweifellos ein „sauguter Fang" sind. Die Von-sich-Überzeugten können vieles – oder zumindest eine Sache – sehr gut, und haben absolut kein Problem damit, das auch allen zu erzählen. (Wenn ich sagen kann, dass ich sehr gut Tennis spiele – und das tatsächlich so ist –, dann ist das ja im Prinzip auch völlig gesund. Schwierig wird's, wenn ich damit rumprahle ...)

Vielleicht liegst du aber auf der anderen Seite im Graben – du bist zu der Überzeugung gelangt, dass du eigentlich so ziemlich überhaupt nichts richtig kannst und dass du zu nichts zu gebrauchen bist (weil dir das Leute vielleicht auch direkt so gesagt haben). Du fühlst dich nutzlos, unschön und nicht liebenswert. Ich hatte mal einen Schüler, der war immer völlig blockiert, wenn ich ihm eine Aufgabe gegeben hatte. Er erklärte mir dann eines Tages, dass ein Lehrer ihm gesagt hätte, dass er es eh zu nichts bringen würde. So was ist ein absoluter Killer für deinen Selbstwert! Und es ist obendrein eine fette Lüge. Es gibt niemanden, der „nichts" zustande bekommt.

Wir Menschen haben die Tendenz, unserer eigenen Meinung oder der Meinung anderer mehr zu vertrauen, als dem, was Gott über uns denkt. Wir lassen unsere Gedanken oder die Meinung anderer unseren Wert definieren. Aber dein Wert gründet sich nicht darauf, was du über dich denkst. Und auch nicht darauf, was andere über dich denken! Dein Wert wird durch das bestimmt, was Gott über dich denkt – und durch das, was er für dich bezahlt hat.

Das bisher teuerste Bild der Welt wurde im Jahr 2011 für sage und schreibe 250 Millionen US-Dollar gekauft. Ich krieg diese Zahl gar nicht in meinen Kopf rein. (Ehrlich gesagt, hätte ich sie auch lieber auf meinem Konto als in meinem Kopf.) 250 Millionen! Und das für ein bisschen Ölfarbe auf einer Leinwand. Nie ist das Material und die Arbeitszeit so viel wert – denk ich jedenfalls. Aber nicht, was ich denke, zählt, sondern das, was jemand bereit ist, dafür zu bezahlen. Und so hat dieses Bild einen Wert von 250 Millionen – weil es dem Käufer so viel wert ist.

Dein Wert wird definiert durch das, was Gott bereit war, für dich zu bezahlen.

Der Preis, den er ausgegeben hat: sein eigenes Leben – er selbst hat es in seinem Sohn Jesus für dich hingegeben. Mehr zu bezahlen, ging nicht. Das war der Maximalpreis. Du warst ihm nicht zu teuer. Er gab alles für dich. Bis zu seinem letzten Tropfen Blut. Bis zu seinem letzten Atemzug. Weil du es ihm wert bist. Und das ist mehr als 250 Millionen!

Denkt an den Preis, den Christus gezahlt hat, um euch als sein Eigentum zu erwerben! Macht euch daher nicht selbst zu Sklaven von Menschen!

1. Korinther 7,23 (NGÜ)

 Gott schaute sich seine Schöpfung an (und da gehörst du als Mensch dazu) und sagte nicht etwa Sachen wie: „Na, das hab ich ganz nett hingekriegt." Oder: „Oje, hätte ich doch nur nicht alles in sechs Tagen so hingeschludert, sondern mir ein bisschen mehr Zeit gelassen ..." Nein. Er fand alles, was er gemacht hatte, „sehr gut" (du findest das in 1. Mose 1,31)! Was gibt es also für Gründe, zu denken, dass du *nicht* gut genug bist, wenn Gott höchstpersönlich davon überzeugt ist, dass du ihm „sehr gut" gelungen bist?

 Mach den Spiegeltest: Sieh dich im Spiegel an und versuch mal, dir vorzustellen, wie Gott dich anschaut. Liebevoll. Wohlwollend. Mit Wertschätzung. Wie fühlt sich das an? Wenn du magst, kleb doch ein Post-it mit den Worten „Hier siehst du einen Menschen, der Gott unendlich wertvoll ist" an den Spiegel. Oder an den Spiegel in einer öffentlichen Toilette ...

 Jesaja 43,1; 1. Petrus 1,18–19

29. Schuss vor'n Bug

Noch völlig zerknittert saß ich am frühen Morgen vor meinem Bildschirm, knapp vor mir die Fensterscheibe, und ahnte nichts Schlimmes. Mein Hirn war immer noch dabei, die wirren Gedankengänge aus meinen Träumen zu sortieren. Unglaublich, was sich da alles im Schlaf miteinander verbindet und dann chaotisch durch mein Unterbewusstsein geistert! Einzelne Ereignisse bröckelten an diesem Morgen in kleinen Stücken wieder hervor, und ich war gerade dabei, alles zu verarbeiten, als ich vor mir völlig verschwommen einen schwarzen Punkt wahrnahm, der in einem sauberen Sturzflug frontal auf mich zusteuerte. „Wenn das irgendein hinterlistiges Mückenvieh ist, das sich bereits vorsommerlich in der Nacht unbemerkt in meine Hütte geschlichen hat, schieb ich meine erste Insekten-Krise des Jahres", schoss es mir durch den Kopf. Doch bevor ich meinen Blick scharfstellen und mir überlegen konnte, wo die Fliegenklatsche wohl überwintert hatte, knallte die Pseudo-Mücke, die im Bruchteil einer Sekunde auf die Rekordgröße von zehn Zentimetern angeschwollen war, gegen meine Fensterscheibe. Mein Hirn benötigte für die Verarbeitung einige Sekunden, aber irgendwann spuckte es das erstaunliche Resultat aus: Da hatte ein Vogel im Tiefflug meine Fensterscheibe angesteuert, weil er wahrscheinlich extrem kurzsichtig war.

Für den Bruchteil einer Sekunde – so ziemlich parallel zum Klatschgeräusch – fanden wir uns Auge in Auge gegenüber; ich zerknittert, er flachgedrückt. Ich mit vor Schreck geöffnetem Mund, er mit verschobenem Schnabel. Dann war er aus meinem Sichtfeld wieder verschwunden. Aber wissbegierig, wie ich war, fand ich heraus, dass der Vogel auf meiner Terrasse eine kurze Notlandung einlegte, wo er seinen Schnabel wieder sortieren konnte.

Manchmal verhalten wir uns wie dieser Vogel: kurzsichtig und gedankenlos. Und dann – *bamm* – donnern wir mit voller Wucht gegen einen Widerstand. Und beschweren uns dann vielleicht noch, dass Gott uns dieses Hindernis nicht aus dem Weg geräumt hat. Auch wenn Jesus es wahrscheinlich nicht auf diese Situation bezogen hat, passt seine Aussage: „Habt ihr denn keine Augen, um zu sehen, und keine Ohren, um zu hören?"

Manchmal sind diese Kollisionen auch richtig befreiend, weil wir „es" (was auch immer es ist) sonst nicht begreifen würden – der Schlag vor den Kopf rüttelt uns wach, wenn wir im Halbschlaf durchs Leben düsen.

„*Gestern volle Kanne durch die Matheprüfung gerasselt. Würde nicht schaden, mir zukünftig ein bisschen mehr den Hintern dafür aufzureißen ...*"

„*Mein Papa hatte recht. Hätte ich auf ihn gehört, würde ich jetzt nicht in der Klemme stecken und das alles ausbaden müssen.*"

„*Aaaargh! Der Bus ist tatsächlich ohne mich losgefahren! Jetzt steh ich mutterseelenallein in Paris ... Von jetzt an werde ich pünktlicher sein. Und mich im Französisch-Unterricht mehr ins Zeug legen!*"

Jeder lernt so seine Lektionen. Und dieser praktische Lebensunterricht ist oft viel eindrücklicher als alle graue Theorie und gute Worte. Es ist vielleicht schmerzhaft, aber nicht weiter schlimm, ab und zu mal gegen eine Scheibe zu donnern. Dumm ist nur, wenn man sich nicht die Mühe gibt, daraus zu lernen, und mit dem Kopf dann immer und immer wieder gegen die Scheibe hämmert, wie ein Specht.

Wenn ihr also Nöte durchmachen müsst, dann seht darin Gottes Absicht, euch zu erziehen. Er macht es mit euch wie ein Vater mit seinen Kindern. Oder gibt es einen Sohn, der von seinem Vater nicht mit strenger Hand erzogen wird?

Hebräer 12,7 (NGÜ)

 Wo hast du selbst schon mal einen solchen Schuss vor den Bug bekommen, sodass du heilsam wach wurdest? Hast du dich vielleicht nur darüber geärgert, oder hast du versucht zu entdecken, ob vielleicht Gott hinter dem Wachklopfer stecken könnte?

 Wo ist es in deinem Leben vielleicht an der Zeit, der Wahrheit ins Gesicht zu schauen? Welche Schritte sind notwendig? Was kannst du heute unternehmen, damit es in den nächsten Tagen nicht „knallt"?

 Sprüche 3,11–12; Sprüche 29,1; Hebräer 12,11

30. Das Laufrad

Gemeinsam mit Kollegen lunchte ich auf einem großen Spielplatz. Da die Mittagspause länger anhielt als das mitgebrachte Essen, begannen wir die montierten Spielgeräte zu testen. Eigentlich waren sie für Kinder gedacht, doch manchmal hat man ja auch Jährchen später noch Bock darauf, sich nicht allzu erwachsen verhalten zu müssen. Besonders das überdimensionale Hamsterrad übte eine magische Anziehungskraft auf uns aus. Nachdem jeder mal ein paar Runden gedreht hatte, wurde die Sache langweilig und zwei der Kollegen übermütig. Thomas und Stefanie kamen auf die Idee, dass man in dem Rad ja auch bequem zu zweit Platz hat. Manchmal scheint das Hirn einfach auf Stand-Bye zu schalten. Da das Rad sehr schwer war, musste man langsam starten, um es allmählich in Schwung zu bringen. Und weil das simple Spazieren im Rad bald keinen Kick mehr auslöste, übermannte sie der Geistesblitz: Man könnte doch einfach mal gemeinsam *rennen*! Also rannten sie. Mit einiger Verzögerung kam das träge Holzteil tatsächlich mächtig in Schwung. Und wie! Als die beiden auf dem Höhepunkt ihrer sportlichen Leistung angelangt waren und heftig keuchten, realisierten sie plötzlich, dass sie die witzige Aktion nicht ganz zu Ende gedacht hatten. Aufgrund der Trägheit des Rades war es nicht möglich, einfach wieder rasch und sauber abzubremsen. Es blieb ihnen also nichts anderes übrig, als mit den Füßen mit den schwungvoll kreisenden Holzbohlen Schritt zu halten – was gleichzeitig aber auch hieß, dass man dem Rad neuen Schwung gab. Irgendwann geschah das

Unvermeidliche: Während Thomas, der ein wenig ausdauernder war als Stefanie, schnaufend weiterlief, knickte Stefanie ein. Ihre Beinchen kamen einfach nicht mehr mit und wurden nach hinten gerissen. Das hatte zur Folge, dass sie das Rad nicht mehr nur mit den Fußsohlen berührte, sondern mit der ganzen Frontseite. Dabei küsste sie die Holzleisten ziemlich heftig. Während Thomas noch mit Sprinten beschäftigt war, wurde Steffi bäuchlings hinter ihm nach oben gezogen. Fast hätte sie eine ganze Runde geschafft, doch die Schwerkraft war dann doch stärker, weshalb sie unsanft nach unten polterte. Diesmal landete sie auf dem Rücken. Nachdem sie das Spielchen zwei, drei Mal wiederholt hatte, setzte die Bremswirkung ein und Thomas konnte unversehrt aussteigen. Ich habe aus der Situation einige wichtige Lektionen fürs Leben gelernt. Zum Beispiel die: Wenn es dir zu schnell geht, ist es immer hilfreich, eine Stefanie an der Seite zu haben, die dir als Bremsklotz dient ... (Achtung! Scherz! *warnleuchte-blink-rotier-blink* Achtung! Scherz! ...)

Hast du auch schon einmal eine dumme Sache zum Laufen gebracht, die du dann nicht mehr bremsen konntest? Eine negative Handlung produziert oft den nächsten Fehltritt. Eine Lüge zum Beispiel zieht oft ganz viele kleine oder auch große „Folgelügen" nach sich. Und eh man sich's versieht, kommt das Rad in Schwung und lässt sich nicht mehr bremsen. Es entsteht eine Eigendynamik und eine falsche Entscheidung führt zur nächsten. Genauso funktioniert der Mechanismus der Sünde. Irgendwo am Anfang steht das Verlangen – das wäre in unserem Beispiel mit dem Laufrad der Wunsch nach Geschwindigkeitsrausch. Dann kommt die Handlung, die die Bibel Sünde nennt, und nachher folgen die Konsequenzen. David, von dem im Alten Testament erzählt wird, hat diesen Mechanismus hautnah erlebt (schau mal bei 2. Samuel, Kapitel 11 rein). Als die Könige in den Krieg zogen, blieb er zu Hause. Da sah er die Frau eines anderen Mannes, verliebte sich, holte sie zu sich, schlief mit ihr und sie wurde schwanger. Er wollte es vertuschen, es missglückte und er ließ ihren Ehemann umbringen. David hatte das negative Rad in Schwung gebracht und konnte es nicht mehr stoppen ... Das Ergebnis seiner Begierde war ganz viel Leid – für alle Beteiligten. Am Anfang stand die bewusste oder unbewusste Entscheidung, nicht so zu handeln, wie es eigentlich richtig gewesen wäre. Und am Ende musste er mit den Konsequenzen seines Tuns leben.

Jesus antwortete: „Ich sage euch: Jeder, der sündigt, ist ein Sklave der Sünde."

Johannes 8,34 (NGÜ)

 Hast du dich schon mal durch dumme Entscheidungen, Lügen oder Ausreden in Situationen begeben, aus denen du nicht so ohne weiteres herausgekommen bist? Gibt es Bereiche in deinem Leben, in denen du dich immer wieder in heikle Situationen begibst? Aus welchem „Laufrad", das dich immer wieder in Gewissenskonflikte bringt, solltest du heute aussteigen?

Welche Personen hast du mit in das Rad reingezogen? Es zu stoppen braucht manchmal Zeit – aber wenn du es nicht wagst, wird es heftige Schmerzen verursachen. Bei dir selber oder bei anderen.

 Beginn den Bremsvorgang – vielleicht heißt das, heute deinen Eltern zu sagen, dass du sie wegen einer bestimmten Sache ständig angelogen hast. Oder du fängst heute an, mit schlechten Gewohnheiten, die sich in dein Leben eingeschlichen haben, aufzuhören. Wenn der Drang kommt, es wieder zu tun, laufe bewusst in die andere Richtung. Bitte Gott, dir zu helfen, aus dem Rad auszusteigen. Und auch dranzubleiben und es neu zu versuchen, wenn du wieder gescheitert bist. Heute kann der erste Tag sein, an dem du nicht ständig im Laufrad rennen musst!

 2. Samuel 12,1–14; Römer 6,12; Römer 8,2; Jakobus 1,13–15

31. Die Suche nach Mrs oder Ms Right

Wir hatten uns die 14-Jährige Tamara in die Band geholt. Als Aushilfssängerin, weil unsere Sängerin für ein paar Monate im Ausland war. Als ich als Bandleader die Aushilfssängerin nach einem Jahr anrufen musste, um ihr zu sagen, dass ihre Zeit in der Band abgelaufen war, vermasselte ich es so ziemlich heftig. Eigentlich waren die Worte klar in meinem Kopf formuliert, aber am Telefon hörte ich mich dann fragen: „Würdest du noch weiter gerne mit uns singen?" Und Tamara sagte begeistert zu, worauf das Gespräch beendet war. Es entstanden daraus einige unangenehme Folgeprobleme. Zum Beispiel musste ich meinen Bandkollegen, und vor allem unserer „offiziellen" Sängerin erklären, dass Tamara auch in Zukunft weiterhin bei uns singen werde. Ich hab damals nicht richtig begriffen, warum mir so was passieren musste und ich am Telefon diesen totalen Blackout hatte. Etwa fünf bis sechs Jahre später war jedoch alles klar. Um genau zu sein, am 3. Juli 2004. Als wir nämlich vor ganz vielen Menschen Ja zueinander sagten. Seitdem darf ich mit der wunderbarsten Frau überhaupt happymäßig verheiratet sein.

Aber so easy, wie das hier klingt, war das Thema Partnersuche bei mir ganz und gar nicht. Denn ich hatte keine Ahnung, wie man das strategisch am besten angeht – und welcher Typ von Frau am besten zu mir passt. Und zu wem ich passen könnte. Es hätte mein Leben gewaltig entspannt, hätte ich von Anfang an realisiert, dass Gott besser weiß als ich, wer wirklich zu mir passt. Auch hätte ich viel relaxter gelebt, wäre mir bewusst gewesen, dass Gott von Anfang an die Fäden in der Hand hat und meine Zukunft kennt. So vieles habe ich erst Jahre später entdeckt und begriffen. Wie zum Beispiel diese Sache mit dem missglückten Telefongespräch, wo Gott die Dinge ganz klar in die richtigen Bahnen gelenkt hatte.

Und er hat noch mehrmals an meinem und Tamaras Herzen gearbeitet, bis unsere Beziehung zu Stande kam. Sie erwischte nämlich überhaupt keinen guten Start. Bevor Tamara in meine Band kam, trafen wir uns nämlich auf einem Event. Ich fand die Kleine, die da in Latzhosen auf der Bühne stand, irgendwie herzig, wollte aber nix von ihr. Schließlich war ich bereits über mein achtzehntes Lebensjahr hinausgewachsen, und sie war dreizehn und ein paar Zerquetschte. Natürlich war ich, wie so oft, darauf bedacht, dass sie (und mit ihr alle anderen) mich bemerkten. Erst Jahre später, als wir bereits verheiratet waren, gab mir Tamara einen Tagebucheintrag zu lesen, der unsere erste Begegnung festhält. Natürlich würde ich dir liebend gerne Zeilen präsentieren wie „Ich hatte meinen Traumprinzen getroffen! Er hat mich umgeworfen und seither weiß ich: Ich will nur ihn! Der Schönste, der Stärkste, der Klügste …" Na ja. Der Eintrag geht leider nicht ganz in diese Richtung. Hier die gekürzte, wortwörtliche Version (obwohl es mich natürlich immer stark reizt, den Text ein wenig zu meinen Gunsten zu manipulieren oder ihn mittels eines netten Feuerchens in unserem offenen Kamin klammheimlich verpuffen zu lassen. Ich habe es nie getan. Keine Ahnung, wieso.):

„Ich erzähle dir von dem hinter mir liegenden Weekend … Als es dann Abend wurde und die Leute so langsam eintrudelten, wurde ich tierisch nervös. Als ich zum Fenster hinausschaute, sah ich doch tatsächlich Nicola. Der Abend verlief gut. Aber Nicola hatte ich leider nicht mehr gesehen. Dafür machte sich ein anderer an mich heran. Bobbi oder wie der heißt. Er sieht echt zum Kotzen aus. Aber ist nett."

Bamm. Und *autsch*! Zum Glück hab ich den Inhalt dieser Zeilen damals nicht gekannt, sonst hätte ich aufgegeben ... Aber in den Jahren darauf hat Gott mich dann auf wundersame Weise hübsch gemacht. Oder vielleicht Tamara mit Blindheit gesegnet, wer weiß. Fakt ist: Ich hab sie gekriegt! Und seither glaube ich an Wunder.

Wir haben uns sehr früh kennengelernt – das ist natürlich cool, aber auch nicht immer einfach. Ich habe einen Freund, der ist seiner Frau erst mit über 50 begegnet. Und stell dir vor: Für beide war es die erste Beziehung! Uncool, so lange zu warten, denkst du? Vielleicht. Aber noch viel uncooler ist, wenn du fünfzig Jahre lang deine ganze Energie damit verschwendest, panisch-verbissen nach einem Gegenüber zu suchen.

Meine Geschichte und die Story meines Freundes sind sehr verschieden – und einzigartig. Sie zeigen, dass Gott weiß, was er tut. Und wann er was tut. Vertrau Gott, dass er gute Pläne für dein Leben hat. Gerade auch in puncto Beziehung und Partnersuche. Wenn du dir selber einen abkrampfst, kannst du dir und anderen ganz heftig wehtun.

Hier also mein Tipp, den du vielleicht nicht wirklich hören willst: Lebe relaxt und vertrau Gott. In wirklich allen Bereichen deines Lebens, auch in Sachen Partnerwahl! Hätte mir das jemand gesagt, und hätte ich vor allem danach gelebt, hätte ich ganz viele Frauen nicht verletzt – und nicht so viel Zeit meines Lebens damit verbracht, nach etwas zu suchen, wofür einfach noch nicht die Zeit gekommen war. Koste dein Leben aus, wenn du noch solo bist. Anstatt alle Energie dafür einzusetzen, den Traumpartner zu finden, setze lieber alles daran, zu einem Traumpartner zu werden. Du kannst herausfinden, was dir im Leben wichtig ist, und Spaß mit deinen

Freunden haben. Wenn du dann eine Beziehung hast, dann verkrampf dich nicht, sondern geh die Sache sauber an und lernt euch kennen. So kannst du auch herausfinden, ob es die Freundschaft fürs Leben ist oder nicht – ohne sich jedes Mal gleich riesige Löcher ins Herz zu reißen, weil eure gegenseitigen Erwartungen aufs Bitterste enttäuscht wurden.

Gott meint es gut. Wenn wir das begreifen, dann entspannt sich vieles.

„Denn ich weiß genau, welche Pläne ich für euch gefasst habe", spricht der Herr. „Mein Plan ist, euch Heil zu geben und kein Leid. Ich gebe euch Zukunft und Hoffnung."

Jeremia 29,11 (NL)

Gott, Jesus und der Heilige Geist haben schon länger eine Beziehung als wir Menschen. Die verstehen echt was von der Sache, „für immer zusammen zu bleiben".

Was hältst du von der Idee, dir Papier und Stift zu besorgen und einen Brief an deinen Zukünftigen/deine Zukünftige zu schreiben? Du kannst natürlich auch für deinen zukünftigen Partner beten!

Psalm 20,5; Psalm 37,4; Psalm 146,5–6; Jeremia 17,7

32. Von Wortwaffen
und Gedankenschwertern

Ich war im Zug unterwegs. Hab mir angewöhnt, bei Zielen, die mit öffentlichen Verkehrsmitteln gut erreichbar sind, mein Auto zu Hause zu lassen. Es war früh am Morgen und ich saß mit noch leicht verquollenen Augen in meinem Abteil. Pardon: in *unserem* Abteil. Ich war ja nicht allein … Wieder mal saß mir jemand gegenüber, aber glücklicherweise schienen sich die Eisenbahn-Götter bei meiner Abteil-Partner-Wahl mal nicht gegen mich verschworen zu haben. Die Person quatschte mich nicht an, sondern starrte nur zum Fenster raus. Und ihr Körpergeruch war auch im grünen Bereich, das heißt, er kam zumindest nicht bis an meine Nase ran. Zufrieden über diesen überaus erfreulichen Zustand packte ich meinen Lernstoff vom Studium aus, um die Zeit zu nutzen, die mir die Zugfahrt schenkte. Vor allem aber war ich einfach happy, dass weder ein dröhnender iPod noch drei lauthals diskutierende Girls und auch kein laut telefonierender Macho meinen Morgenfrieden störte – und die drei freundlichen älteren Damen im Nebenabteil schienen auch ganz friedliebend zu sein.

Doch hatte ich mich zu früh gefreut. Ich hätte es wissen müssen! Kaum dass ich begonnen hatte, die ersten Zeilen zu lesen, drang eine grelle Stimme bis tiefst in mein Innerstes. Tatsächlich hatte ich die Alte-Jungfern-Gefahr im Nebenabteil deutlich unterschätzt. Wahrscheinlich durch Hörschwäche bedingt, lag deren abrupt einsetzende Konversation weit über der erlaubten Lärmschutzgrenze. Von

Zuhören hielten sie nicht viel, denn mindestens zwei von ihnen waren permanent am Reden. Über Zwetschgen. Versuch mal einen Text zu lesen, wenn dir andauernd irgendwer was dazwischenlabert! „Kennst du schon das neueste Zwetschgenkuchenrezept? Nein?! Also ich hab da neulich in einer Zeitschrift..." Unfreiwillig weihten mich die Damen in die Geheimnisse der Backkunst ein. Ich bin jetzt Zwetschgen-Experte, definitiv. Der Nebeneffekt des Ganzen war, dass ich jeden zweiten Satz hatte dreimal lesen müssen und jeden vierten hatte ich inhaltlich nicht gerafft und jeden fünften geistig zu einer Schlagwaffe geformt, um damit die heimtückischen Omas zu verdreschen. Gut, ich gebe zu: Vielleicht hatte ich mich da auch ein wenig in die Sache hineingesteigert. Ich weiß, das war nicht nett von mir... Aber hast du schon mal versucht einzuschlafen, während jemand schnarcht? Etwa derselbe frustrierende Effekt.

Am Ziel angekommen, hatte ich mich doch ein bisschen über meine Gedanken geschämt. Und wenn man bedenkt, was die Bibel in Matthäus 12,36 sagt – dass wir über jedes unnütze Wort, das wir reden, eines Tages Rechenschaft ablegen müssen –, bin ich froh, dass ich nichts laut ausgesprochen habe! Aber ob meine Variante so viel besser war ...!?

Erforsche mich, Gott, und erkenne mein Herz, prüfe mich und erkenne meine Gedanken. Zeige mir, wenn ich auf falschen Wegen gehe und führe mich den Weg zum ewigen Leben.

Psalm 139,23–24 (NL)

 Ein krasser Vers steht in Sprüche 18,20–21. So, wie Gott durch sein Wort alles geschaffen hat, können auch wir durch unsere Worte vieles aufbauen oder zerstören. Bete, dass dein Reden Menschen aufbaut, ermutigt und tröstet. Und lass Gott auch immer wieder deine Gedanken prägen. Was tut deine Zunge heute? Tötet oder „belebt" sie andere Menschen?

 Nimm dir für die nächste Woche vor, dass du bei schlechtem Gerede nicht mitmachst, und auch bewusst sagst, dass du das nicht möchtest. Versuch ganz bewusst, mit deinem Reden Menschen zu ermutigen und positiv zu beeinflussen. (Mein Vorschlag: Mach am Abend immer einen kurzen Rückblick. Führe eine Strichliste, in der du festhältst, wie viele Male es dir gelungen ist, und auch, wie oft du es versiebt hast.) Du wirst sehen: Gutes zu reden und zu sehen, wie Menschen richtig aufblühen, macht extrem viel Spaß!

 Epheser 4,29–31; Epheser 5,3–4; Jakobus 3,1–12

33. Angststürme und Chaostage

Ostersonntag. Hoch oben im Norden Deutschlands erreicht mich eine SMS. Martin sei mit seinem Fahrrad unglücklich gestürzt und habe sich am Kopf verletzt. Nicht viele Begegnungen hatte ich bisher mit Martin gehabt und doch war er mir zum Freund geworden. Nichts Schlimmes ahnend schickte ich ein Gebet in Richtung Himmel. Wie man es halt so macht.

Ostermontag. Irgendwo zwischen Hannover und Zürich erreichten mich die Zeilen, die mir die Luft abschnürten, so als würde sich jemand auf meinen Brustkorb setzen: „Martin ist soeben verstorben."

Dies ist einer dieser Momente, in denen jedes Wort eine leere Hülse zu sein scheint. Ohne Inhalt, ohne Sinn. Keines kann auch nur annähernd der Situation gerecht werden. Die Kirchenglocken sollen verstummen, der Rhein aufhören zu fließen und die Sonne still stehen. Aber nichts von alldem geschieht. Die Erde dreht sich weiter. Unbarmherzig. Als schiene sie die Ausmaße, die Endgültigkeit dieser Tragödie nicht zu begreifen. Sie ignoriert gnadenlos die Trauer der Menschen, die zurückbleiben.

Martin ist am Tag der Auferstehung gestorben. Mit 37 Jahren mitten aus dem Leben gerissen worden. Viel zu jung. Völlig unerwartet. Was bleibt, ist Wut, Trauer und Frustration. Und dieses Loch. Wieso hat Gott all die Gebete nicht erhört? Wieso wieder diese Familie, die doch schon einmal einen Todesfall zu verdauen hatte? Wieso verteilt Gott das Leid nicht gerecht, sondern scheint sich Einzelne ausgesucht zu haben? Ist er es, der zugetreten hat, wenn jemand zu Boden gefallen ist? Wieso haben treue Freunde und Angehörige eine Nacht lang den Himmel scheinbar vergeblich bestürmt und auf Heilung gehofft? Martin jetzt bereits in der schmerz- und tränenfreien Ewigkeit zu wissen, ist im Moment nur ein dünner Lichtstrahl irgendwo am wolkenverhangenen Horizont. Ich glaube, dass Gott meine Wut und Frustration ganz gut erträgt und versteht – wie auch schon die überschäumenden Emotionen von König David, die man in vielen seiner Lieder und Gedichte spürt. Er nimmt es nicht mal übel, dass ich mächtig mit ihm schimpfe. Er nimmt mich einfach nur in den Arm. Und tatsächlich spüre ich so etwas Sanftes, wohltuend Beruhigendes beim Gedanken daran, dass Martin jetzt dem gegenüber steht, der mein Ursprung und mein Ziel ist, auf den ich mein Leben ausgerichtet habe – und der dort auf uns wartet. Ganz sicher schubst uns Gott nicht zu Boden, um dann auf uns herumzutrampeln! Irgendwann, in einigen Tagen, Wochen oder Monaten werde ich wahrscheinlich immer noch nicht verstehen ... aber zumindest immer wieder diese Umarmung Gottes spüren. Was mache ich, wenn ich das Leben überhaupt nicht verstehe und mein Emotions-Vulkan unkontrolliert ausbricht? Geb ich Gott die Schuld und lauf vor ihm davon? Oder schmeiß ich mich gerade dann umso mehr in seine tröstenden Arme? Ich habe für mich gemerkt: In die Arme Gottes zu laufen und bei ihm geborgen zu sein ist das einzige, was mich wirklich hält, wenn ich das Leben nicht verstehe. Er hat mein Leben in seiner Hand. Was mir auch geschieht, er bleibt an meiner Seite.

Ich lasse euch ein Geschenk zurück – meinen Frieden. Und der Friede, den ich schenke, ist nicht wie der Friede, den die Welt gibt. Deshalb sorgt euch nicht und habt keine Angst.

Johannes 14,27 (NL)

 Was ist deine größte Angst? Halte sie Gott hin.

So schrecklich Leid und Tod auch sind, es gibt uns immer wieder Gelegenheit zu fragen, was im Leben wirklich zählt. Wenn du noch einen Monat zu leben hättest: Was würdest du tun? Was wäre dir wichtig, was nicht?

Abschied nehmen wird nie einfach sein – ganz bestimmt ist es noch viel weniger einfach, wenn wir den Blick auf das verlieren, was nach dem Tod sein wird. Wenn wir mit Leid und Schmerz konfrontiert werden, bekommen wir sehr schnell das Gefühl, dass wir an Gottes Stelle so einiges anders und vor allem besser machen würden. Aber das wär ja so, wie wenn mein Schneemann mir erklärt, wie das mit dem Schneemannbauen und den Schneeballschlachten eigentlich funktioniert. Wenn du Gottes Handeln nicht verstehst: Wirf ihm deine quälenden Fragen vor die Füße. Du bekommst vielleicht keine schlüssige Antwort auf die bohrende Warum-musste-das-passieren-Frage, aber ganz sicher wirst du seine Nähe und sein Trösten erleben.

 Setz dich doch mal mit deiner besten Freundin bzw. deinem besten Freund zusammen und redet über das, was euch am meisten Angst macht. Darüber zu sprechen tut unglaublich gut und nimmt der Angst die Macht! Wenn ihr mögt, könnt ihr auch darüber sprechen, was euch am Leben wichtig wäre, wenn ihr nur noch kurze Zeit zu leben hättet. Und dann tut doch einfach das, was euch wichtig ist – noch in dieser Woche.

 Josua 1,5; Psalm 23,4; Psalm 90,12; Römer 8,38–39

34. „Mach dein Bett selber!"

„Erwarten" ist eigentlich ein tolles Wort. Hat so etwas Hoffnungsvolles. Unangenehm ist dabei nur, dass da auch „warten" drin versteckt ist. Ich bin es einfach nicht mehr gewohnt zu warten – als Kind des „Ein-Klick-und-ich-hab's-mir-gekauft"-Zeitalters. Will ich eine App fürs Smart-Phone, lad ich sie mir *jetzt* runter. Will ich eine Pizza, bestell ich sie mir *jetzt*. So ziemlich alles kann ich mir per Mausklick gleich und sofort im Netz kaufen. Sogar den perfekten Partner finde ich da. Behaupten zumindest die Seitenbetreiber – und glücklicherweise mag es bei einigen ja auch zutreffen. Warten gehört deshalb nicht mehr so richtig zu meinem Wortschatz. Aber nicht nur das Warten krieg ich mehr schlecht als recht hin ... auch das *Er*warten. Wir starten unser Glaubensleben an Gott oft mit großen Erwartungen – wie ein kleines Kind, dass genau weiß, dass Papa alles kann! Und irgendwann realisieren wir, dass Papa gar nicht der Größte ist, sondern nur knapp 1,65 Meter groß, und dass er auch nicht am allerbesten Fußball spielt, sondern eigentlich besser gar nicht Fußball spielen sollte. Ähnlich verhalten wir uns unbewusst auch Gott gegenüber. Wir beginnen, an einen gewaltigen Gott zu glauben, und nachher kommen die ersten Enttäuschungen – Dinge, die wir nicht verstehen. Und in uns kommt der Verdacht auf, dass Gott wohl doch irgendwie die Luft ausgehen muss, wie einer altersschwachen Luftmatratze. Ist Gott, der Allmächtige, tatsächlich kleiner geschrumpelt über all die Jahre und kriegt deshalb die großen Wunder aus seinen besten Zeiten nicht mehr hin? Oder kann es sein, dass es bloß mein Glaube ist, der zusammengeschrumpelt ist wie ein alter, abgelebter Luftballon?

Unbewusst habe ich begonnen, beim Beten zu überlegen, was bei Gott im Rahmen der Möglichkeiten steht – und was nicht.

Kennst du die Story von Äneas? Sie steht in Apostelgeschichte 9,32–34 (LUT): „Es geschah aber, als Petrus überall im Land umherzog, dass er auch zu den Heiligen kam, die in Lydda wohnten. Dort fand er einen Mann mit Namen Äneas, seit acht Jahren ans Bett gebunden; der war gelähmt. Und Petrus sprach zu ihm: Äneas, Jesus Christus macht dich gesund; steh auf und mach dir selber das Bett. Und sogleich stand er auf."

Äneas hat möglicherweise tatsächlich geglaubt, dass Gott an seiner Situation etwas ändern könnte – aber sein Gebet war vermutlich nicht ein hoffnungsvolles: „Bitte heile mich!", sondern nur noch ein „Bitte hilf mir, mein Bett zu machen, weil ich es selber nicht mehr schaffe!" Alles, was er sich von Gott erhofft hatte, war, dass er seine Situation ein wenig erträglicher gestalten möge. Klassischer Fall von geschrumpftem Glauben. Vielleicht hatte Äneas es ja auch ein wenig genossen, dass er sich nicht selber um sich kümmern musste, sondern dass es andere für ihn taten. Und schlussendlich hat ihm wohlmöglich der Mut gefehlt, Gott um Großes zu bitten, weil eine Heilung ja Konsequenzen haben würde: „Mach dein Bett selber …"

Auch wenn die Gefahr besteht, immer mal wieder enttäuscht zu werden, möchte ich mir nie den Mut rauben lassen, hoffnungsvolle Erwartungen zu haben – gerade wenn diese an Gott gerichtet sind. Und dann die Dinge mutig anpacken.

Was traust du Gott zu? Nichts? Dass er vielleicht in deine Situation kommt und bei dir aufräumt, dein Bett macht –

sich sonst aber nicht viel ändert? Oder dass sich dein Leben wirklich ändert, weil er bestimmte Dinge heilt und wieder zum Laufen bringt!? Gott will dir helfen. Aber er will auch, dass du „dein Bett selber machst". Steh auf! Schraub deine Erwartungen nicht runter! Erwarte Großes von Gott, aber übernimm Verantwortung für dein Leben!

Jesus sah sie eindringlich an und sagte: „Menschlich gesehen ist es unmöglich. Aber bei Gott ist alles möglich."

Matthäus 19,26 (NL)

Klar, es bleibt immer eine Spannung bei der Frage: Wo ist der Punkt, an dem wir aufhören, etwas zu erwarten, weil Gott aus irgendwelchen Gründen nicht so eingreift, wie wir es uns wünschen? Diese Spannung wird sich ein Leben lang nie auflösen. Einer, der alles im Leben einfach nur schluckt und akzeptiert, wird genauso wenig die Größe Gottes erleben wie einer, der erwartet, dass Gott sein Wunscherfüllungsautomat ist.

Wo solltest du deine Erwartungen an Gott ändern? Wo wünschst du dir von Gott Veränderung in deinem Leben/in einer bestimmten Situation? Bitte ihn, dir zu zeigen, was du zu dieser Veränderung beitragen kannst. Und trau ihm auch zu, dass er durch dich Wunder tun kann – in deinem Leben und im Leben anderer!

Markus 9,17–19; Johannes 5,1–9

35. Aufwachen!

Es gab damals während meiner Zeit auf dem Gymnasium eine Phase, da hatten wir im Halbjahresrhythmus sogenannte „Wohnwochen" veranstaltet. Eine Woche gemeinsam leben, kochen und schlafen. Ich kann mich noch sehr gut an die legendäre Freitagnacht erinnern, die immer mit dem Samstagmorgen verschmolz. Wir lagen völlig übermüdet, kichernd, kreuz und quer übereinandergestapelt in den Sofas, als plötzlich und unerwartet wieder die ersten Sonnenstrahlen durchs Fenster glitten. Taff, wie man eben ist, und mit stolzgeschwellter Brust schleppte ich mich trotzdem zur Schule – ja, ich hab in einer Zeit gelebt, da hatten wir tatsächlich am Samstagmorgen noch Schule! Doch die zwei Chemiestunden gaben mir den Rest. Patric, mein Freund (dieses Prädikat hat er nach diesem Morgen zwar nicht mehr wirklich verdient) und gleichzeitig mein Banknachbar, machte sich einen Spaß daraus, meine Situation schamlos auszunutzen. Während ich meinen bleischweren Kopf auf die Hände stützte, mit geschlossenen Augen vor mich hindöste und gleichzeitig einen konzentriert lauschenden Gesichtsausdruck zu erwecken versuchte, stapelte Patric den Inhalt meines Etuis auf meinen Rücken, um mir danach ins Ohr zu zischen, dass der Lehrer mich was gefragt habe. Eine kleine Schockwelle ratterte von den Haarspitzen zum kleinen Zeh und wieder zurück und machte mich schlagartig hellwach. Na, sagen wir mal: ein bisschen wacher. Durch mein ruckartiges Hochfahren fielen die Gegenstände auf meinem Rücken natürlich auf den Boden. Absolut unwitzig. Nur war ich der Einzige, der das so empfand. Sogar der Lehrer schien sich irgendwie zu amüsieren. Ich klaubte alles mühsam wieder zusammen und versuchte, mich wachzuhalten – wobei meine Augen kein einziges klares Bild zustande kriegten und die Wandtafel sich verdoppelte. Hast du das auch schon mal erlebt? Du bist so müde, dass du einfach nicht mehr normal gucken kannst und zwei Bilder siehst anstatt eines? Und ganz mühsam versuchst du, konzentriert etwas von der Tafel abzuschreiben – und sogar das Geradeausgucken tut weh?

Tja, eines hab ich gelernt: Wenn ich nachts nicht schlafe, dann sollte ich nicht total überrascht sein, wenn ich irgendwann hundemüde bin. Wenn ich jeden Tag mit geschlossenen Augen Fahrrad fahre, muss ich mich nicht wundern, wenn ich gegen den nächsten Laternenpfahl donnere. Mein Tun hat immer Konsequenzen. Was ich säe, das ernte ich. Im Positivem wie im Negativem: Wenn ich ständig den Faulpelz raushängen lasse, dann muss ich mich nicht wundern, wenn ich als unzuverlässig gelte. Und andersherum: Gute Verhaltensweisen haben auch ihre Auswirklungen. Ich habe zum Beispiel ganz bewusst begonnen, positiv über andere Menschen zu reden und gelernt, Komplimente zu verteilen. Natürlich nur ernst gemeinte. Das Resultat ist erstaunlich: Menschen sind ermutigt und wachsen über sich hinaus und beginnen oft tatsächlich, auch positiv über mich zu reden. Tolle Sache. Was ich säe, das ernte ich! Es liegt in deiner Hand, ob es ein tolles oder ein schmerzhaftes Erwachen gibt!

Deshalb werdet nicht müde zu tun, was gut ist. Lasst euch nicht entmutigen und gebt nie auf, denn zur gegebenen Zeit werden wir auch den entsprechenden Segen ernten.

Galater 6,9 (NL)

 Kannst du dich an eine Situation erinnern, wo eine unüberlegte oder unkluge Verhaltensweise von dir negative Auswirkungen hatte – auf dein Leben oder die Beziehung zu anderen? Wo hast du in den letzten Tagen bewusst anderen Gutes getan? Wie hat sich das ausgewirkt?

 Wo ist es dran, neue Samenkörner auszusäen? Nimm dir vor, nächste Woche etwas zu ändern, dass sich in deinem Leben bereits fest eingenistet hat – eine Sache, die eher faule Eier produziert als gute.

 Jeremia 4,3; Hosea 10,12–13; Galater 6,7–10

36. Beziehungsabenteuer

Als Teenager war meine Beziehung zu Mädchen oft sehr speziell. Die allererste kam nicht einmal zustande, weil ich viel zu schüchtern war, die von mir Erwählte darauf anzusprechen. So war meine erste Liebe ein Ideal in meinem Kopf, dem ich etwa drei Jahre meines Lebens schenkte. Ich war heftigst verliebt, malte ihren Namen auf so ziemlich alles drauf, was mir unter die Finger kam – ohne ihr jedoch je etwas davon zu sagen. Als diese Phase überstanden war, hatte ich viele tolle freundschaftliche Beziehungen mit Frauen, oftmals auch Herzflattern und Träumereien im Kopf, doch nie wagte ich, eine Partnerschaft anzufangen. Bis ich dann von einer sehr guten Freundin in die Vorzüge einer körperlichen Beziehung eingeführt wurde ... *Ratsch bamm*, von Null auf Hundert. Gerade hatte ich mit Ach und Krach gelernt, dass es bei Weiblein und Männlein gewisse Unterschiede gibt – zum Beispiel, dass ich blaue Socken trage und sie rosafarbene. Vor der Zeit mit ihr hatte ich noch nie eine Freundin, außer vielleicht damals im Sandkasten. Und schwupps, schon war eine zweite Zunge in meinem Kopf. Und damit begannen die Probleme erst richtig. Denn mir war einfach nicht klar, wo eine tolle freundschaftliche Beziehung aufhört und wo eine echte Zweierbeziehung anfängt. So experimentierte ich fröhlich drauflos, pendelte ständig über diese Grenzlinie hin und her und küsste und berührte irgendwelche tollen Frauen – ohne mir jedoch ganz sicher zu sein, ob ich wirklich eine tiefere Beziehung haben wollte. Diese Zerrissenheit in mir veranlasste mich schließlich dazu, ziemlich bald wieder ängstlich zurückzukrebsen – mit der schmerzhaften Gewissheit, jemand anderem wehgetan zu haben, und mit dem Gefühl, unfähig in zwischenmenschlichen Beziehungen zu sein. Einige gute Freundschaften habe ich durch mein Verhalten verloren – Schuld war meine Unfähigkeit, zwischen freundschaftlichem Hingezogen-Fühlen, begeistertem Vergucktsein und echter Liebe zu unterscheiden. Das klappte eigentlich erst wirklich, als ich die Frau traf, die jetzt seit Jahren das Gegenstück zu meinem Ehering trägt. Da war dann dieser Nebel im Herzen plötzlich weg, und zum ersten Mal überhaupt wusste ich, was ich wollte: nämlich sie. Und was ich nicht wollte: nämlich irgendeine andere.

Ich habe durch diese Zeiten in meinem Leben gelernt, ganz offen über meine Gefühle zu reden, über meine Hoffnungen und Ängste, und habe dadurch entdeckt, welche Sehnsüchte wirklich in meinem Herzen schlummern. Nicht nur in Bezug auf eine Partnerin ... sondern auch auf mein Leben und auf Gott.

Wie sieht's bei dir aus? Weshalb hast du eine Beziehung? Oder wünschst dir eine? Weil alle einen Freund bzw. eine Freundin haben? Weil du dich an ihrer/seiner Seite gut fühlst? Weil du deine Bedürfnisse nach Anerkennung und körperlicher Nähe befriedigen willst? Weil du Rummachen so schön findest, dass du einfach nicht mehr ohne sein kannst? Oder weil du sie/ihn wirklich liebst? Diese Fragen sind nicht leicht zu beantworten, ich weiß. Aber es lohnt sich total! Denk mal darüber nach: Wenn wir versuchen, in einer Beziehung nur unsere Sehnsüchte zu stillen, dann wird diese Beziehung irgendwann kaputtgehen. Denn es ist in der Tat so, dass nur Gott – und kein Mensch auf dieser Welt – unsere tiefsten Wünsche erfüllen kann: unsere Sehnsucht nach Liebe, Geborgenheit, Nähe, Anerkennung. Das klingt vielleicht krass, aber Menschen können uns nur sehr unvollkommen lieben! Wenn du weißt, dass Gott hundertprozentig deine leeren Tanks füllt und du dich zuerst nach ihm austreckst, dann kannst du dich relaxed ins Beziehungsabenteuer stürzen! Weil du niemanden mit deinen Erwartungen erdrückst – und selber nicht an deinen unerfüllten Erwartungen erstickst.

Der tiefste Grund für unsere Zuversicht liegt in Gottes Liebe zu uns: Wir lieben, weil er uns zuerst geliebt hat.

1. Johannes 4,19 (NGÜ)

Es ist alles entscheidend, dass wir in unserem Leben entdecken, dass Gott die Quelle der Liebe ist. Er allein kann unsere Sehnsucht stillen und uns befähigen, andere aufrichtig und von ganzem Herzen zu lieben und uns lieben zu lassen.

Wo erwartest du von Menschen Liebe, die nur Gott dir geben kann? Pack es an und rede mit einer Person, der du vertraust, ganz offen über deine Gefühle.

Prediger 6,7; Johannes 4,13–19

37. Nobody is perfect

Hallo Zukünftige! Ich rühr im Haushalt keinen Finger, habe Probleme, mir Namen und Daten zu merken – vergiss also die roten Rosen zu unseren Jubiläen gleich schon mal. Oder kauf du sie dir von deinem eigenen Geld, denn mein Geld ist immer vor Ende des Monats alle. Meine Waage ist schneller auf Hundert als mein Wagen und mein Äußeres erweckt den Anschein, als wäre ich vierzig. Tatsächlich bin ich fünfundzwanzig und fühl mich wie fünfzig. Meine Haustiere tun es den Pflanzen gleich und sterben meist nach einer Woche. Schreib mir bitte mit Bild zurück. Oder noch besser: Male etwas, denn im Lesen war ich schon immer schlecht. T. B. aus W."

Ohne mich dabei allzu weit aus dem Fenster lehnen zu müssen, wage ich die wackere Behauptung, dass T. B. nicht sehr viele Rückmeldungen auf seine Kontaktanzeige erhalten wird. Denn Schwächen verkaufen sich in unserer Gesellschaft nicht so gut. Oder hat dir schon mal jemand dazu gratuliert, dass dein englisches „th" klingt, als wäre dir beim Sprechen das Zungen-Piercing am Halszäpfchen hängen geblieben? Und deine Freundin wird dich kaum dafür knutschen, dass du es die letzten vier Monate einfach nicht geschafft hast, wenigstens zu einem Date pünktlich zu kommen.

Schwächen zu verbergen ist deshalb zur Überlebensstrategie geworden – auch bei Christen. Wir saugen das Leistungsdenken bereits mit der Muttermilch auf: Ist was gut gelaufen, bewusst oder unbewusst, dann lächelt Mama. Klappt's mal wieder nicht in der Schule, dann gibt's strenge Blicke von

Papa. Tust du das, was dein Chef sehen will, dann erntest du Dank. Sonst natürlich nicht. Oft leben wir in der Angst, etwas falsch zu machen, um dann von anderen abgelehnt zu werden. Eine für mich absolut befreiende Erfahrung war, als ich endlich begriff, dass Gottes Liebe nichts mit meiner Leistung zu tun hat!

Bei meiner Arbeit als Lehrer in einem Justizheim (hier leben verhaltensoriginelle Jugendliche, die Probleme in ihrem privaten Umfeld oder der Schule hatten, deshalb Probleme machten und teils mit dem Gesetz in Konflikt kamen) musste ich manchmal stundenlang unglaubliche Beschimpfungen über mich ergehen lassen. An einem Tag wurde ich im Affekt mehrere Dutzend Male „Arschloch" genannt. Und an den Wochenenden – im krassen Gegensatz dazu – stand ich mit meiner Band auf der Bühne und wurde als „geistlicher Held" gefeiert. Unweigerlich musste ich mich der nicht ganz so einfachen Frage stellen: Bin ich jetzt ein „Arschloch" oder ein „Held"? Als ich darüber nachdachte, wurde mir bewusst, dass die Bezeichnungen, die mir Menschen geben, vielleicht manchmal etwas mit meiner Leistung zu haben, oft aber auch nicht. Im Endeffekt ist es nicht wichtig, was Menschen über mich sagen und denken. Ja, es ist nicht einmal wichtig, was ich selbst über mich denke! Das einzige, was wirklich zählt, sind Gottes Gedanken über mich. Deshalb stehe ich jetzt ganz offen zu all den Zeiten in meinem Leben, die ziemlich in die Hose gegangen sind. Und das Resultat ist absolut verblüffend: Es animiert auch andere Menschen dazu, völlig befreit zu ihren Schwächen zu stehen, anstatt ständig ihre Schokoladenseite ins Scheinwerferlicht drehen zu müssen. Für mich ist es total entspannend, zu meinen Schwächen stehen zu dürfen. Ich habe dadurch jeglichen Druck verloren, irgendjemandem etwas vormachen zu müssen. Und seither genieße ich es, echt zu sein. Natürlich ruhe ich mich nicht einfach auf meinen Schwächen aus – aber lebe in dem Wissen, dass ich Schwächen haben darf und dass ich trotzdem für Gott voll okay bin als Mensch. Für ihn muss ich nicht den perfekten Superchristen mimen. Das ist echt befreiend!

Doch der Herr hat zu mir gesagt: „Meine Gnade ist alles, was du brauchst, denn meine Kraft kommt gerade in der Schwachheit zur vollen Auswirkung." Daher will ich nun mit größter Freude und mehr als alles andere meine Schwachheiten rühmen, weil dann die Kraft von Christus in mir wohnt.

2. Korinther 12,9 (NGÜ)

Kennst du deine Schwächen und kannst du sie akzeptieren? Natürlich kann man nicht einfach sagen: Ich ignoriere meine Schwächen, weil ich keinen Bock darauf habe, an mir zu arbeiten. Ich arbeite auch an meinen Schwächen – aber ich habe mich entschieden, dass 80 Prozent meiner Energie in meine Stärken fließen soll. Wo ist es an der Zeit, dass du zu deinen Schwächen stehst und andere damit ermutigst, es ebenfalls zu tun?

Bitte Gott, dir zu helfen, zu deinen Schwächen zu stehen – und auch barmherziger mit den Schwachpunkten anderer umzugehen. Schreibe drei deiner größten Schwächen auf – und setze ihnen dann sechs Stärken von dir entgegen. Du kannst das Ganze ja, wenn du magst, auch als Partnersuch-Anzeige verfassen ...

2. Mose 4,10–16; Richter 6,11–16

38. Charaktersache

Ich hab mich sowas von gefreut auf meine Führerscheinprüfung und mein erstes Auto. Es war nur ein Subaru Justy
und eigentlich gehörte er nur meinen Eltern, aber es war
trotzdem „mein" Auto. Und mit ihm verband ich grenzenlose
Freiheit. Als Kind bekam ich auf langen Fahrten immer ein
kleines Päcklein Smarties – ich weiß noch genau, wie ich dann
alle innerhalb kürzester Zeit weggefuttert hatte, während
meine Schwester nur einzelne nahm und dann sogar noch
welche übrig hatte nach der Fahrt. Für mich war klar, dass in
mein erstes Auto auch Smarties gehörten – und als Zeichen
der Freiheit gönnte ich mir jede Fahrt nicht nur ein Päckchen,
sondern gleich einen halben Sack voll. Mein Justy war weder ein Rennwagen noch eine großräumige Familienkutsche,
und auf der Autobahn klang er wie ein Traktor. Aber es war
mein Auto. Und es brachte mich überall hin. Ich liebte meinen kleinen Justy. Ich stell mir vor, was gewesen wäre, wenn
ich mich in einen Mordsrennwagen verguckt hätte, und mich
dann da reingesetzt hätte und losgefahren wäre. Und wie ich
schließlich eine böse Überraschung erlebt hätte, weil der Motor völlig im Eimer und nicht zu reparieren war. Dann wäre
mir ein Licht aufgegangen: Der wunderschönste Wagen nützt
ja überhaupt nichts, wenn ich ihn gar nicht fahren kann ...!

Wer nur auf das Äußere achtet, muss in Kauf nehmen,
vom „Innenleben" gewaltig enttäuscht zu werden. Und glaub
mir: Das Innere ist das, was am Ende zählt! Natürlich hab ich
mir trotzdem die Frau ausgesucht, die ich wunderschön fand
und immer noch schön finde. Aber das war und ist nicht das

Entscheidendste. Bitte, bitte achtet bei eurem Gegenüber nicht nur auf die Augen, die tollen Beine, die Brüste oder den Knackhintern. DAS IST NICHT ALLES!

Das Äußere eines Menschen kann uns blitzschnell in den Bann ziehen. Das Innere jedoch ist es, dass entscheidet, ob wir ein Leben lang verliebt bleiben oder nicht. Dabei geht es um den Charakter, den Umgang mit anderen, auch die Begabungen und sogar die süßen Schwächen (die dir irgendwann auch tierisch auf die Socken gehen können). Jungs haben das Problem, dass sie sich verlieben und glauben, dass sich die Frau nie ändert. Mädels verlieben sich in der großen Hoffnung, dass er sich schon noch ändert. Beides wird nicht geschehen. Wenn er einen schlechten Charakter hat, dann wird das in vielen Fällen mit der Zeit nicht anders werden. Und sie wird nicht so bleiben, wie sie ist – auch der ganze Körper schrumpelt nämlich im Alter dahin. Verlieb dich in einen Menschen, der den wundervollsten Charakter besitzt, den es weit und breit gibt. Ein guter Charakter reift immer weiter, wie ein guter Wein. Auch die schönste und teuerste Flasche Wein wird dir nichts bringen, wenn der Inhalt absolut hässlich schmeckt. (Aber natürlich darf die Person auch äußerlich wunderschön sein ...)

Wir Menschen sind wie eine Weinflasche: Was in uns drin ist, ist entscheidend. Und unsere innere Qualität erhöht sich gewaltig, wenn wir unser Herz von Gott formen lassen.

Hey, Mädels, verbringt doch mindestens genauso viel Zeit mit der Betrachtung eures Herzens – am besten gemeinsam mit Gott –, wie mit dem Anblick eures Gesichts vor dem Spiegel! Und verschwendet doch mal einen Gedanken daran, wie eure Erscheinung auf die Männerwelt um euch herum wirkt. Wenn ihr euch so kleidet, dass sie nur eure Brüste sehen, müsst ihr nicht jammern, dass sich keiner in euer Herz verliebt und ihr immer an die Falschen geratet.

Hey, Jungs, investiert eure Zeit nicht nur in PC-Games, sondern auch in eure Beziehung zu Gott! Er will euren Charakter so formen, dass ihr für die Mädels anziehend werdet!

Auch Gott hat sich übrigens nie vom Äußeren eines Menschen täuschen lassen. Auch damals nicht, als er für Israel einen neuen König gesucht hatte. Er suchte nach dem wunderschönsten Herzen, denn nur ein Mensch mit einem solchen Herzen würde fähig sein, nach seinem Willen zu regieren. Der Prophet Samuel wurde vom Äußeren geblendet und war überzeugt davon, dass schöne und gut gebaute Männer mit Muskelpaketen – wie der junge Eliab – das Zeug dazu hätten, König zu werden. Aber Gott antwortete ihm: „Sieh nicht an sein Aussehen und seinen hohen Wuchs; ich habe ihn verworfen. Denn nicht sieht der Herr auf das, worauf ein Mensch sieht. Ein Mensch sieht, was vor Augen ist; der Herr aber sieht das Herz an" (1. Samuel 16,7; LUT). Und Gott wählte David aus – der nebenbei gesagt auch nicht übel aussah. Gott ließ sich nicht vom Äußeren täuschen, sondern sah direkt in Davids Herz.

Mit dem tollsten Äußeren kann man nicht ewig über ein unschönes Herz hinwegtäuschen. Irgendwann wird man's mitkriegen. Wie bei einem auf Hochglanz polierten Aston Martin mit völlig kaputtem Motor ... Oder wie bei einer Birne, die von innen her gammelt ...

Eure Schönheit soll von innen kommen – das ist die unvergängliche Schönheit eines freundlichen und stillen Herzens, das Gott so sehr schätzt.

1. Petrus 3,4 (NL)

 Mach dir eine Liste mit tollen Eigenschaften, die dein Partner haben sollte. Bei welchen geht es um äußere, bei welchen um innere Werte? Auf welche Eigenschaften könntest du, wenn nötig, ein Leben lang verzichten? Welche drei möchtest du auf keinen Fall von der Liste streichen?

 Kleb deinen Spiegel mit Bibelversen voll (du kannst ja mit dem Vers 1. Petrus 3,4 beginnen ...), sodass du dich immer gleich auch innerlich schön machen kannst, wenn du an deinem Äußeren bastelst.

 1. Samuel 16,1–13; Sprüche 11,22;
2. Korinther 4,16; 1. Petrus 3,3–7

39. Ein leidenschaftlicher Gott

Er lächelte, als er sich zurücklehnte, um das Resultat seiner Arbeit zu betrachten. Er wusste von Anfang an, dass dies die Krönung seines Schaffens sein würde. Alles hatte er sorgfältig geplant, die Pläne dazu perfekt ausgearbeitet. Natürlich war es eine besondere Herausforderung, alles aus Dreck zu modellieren. Aber er war ja schließlich nicht irgendwer! Und er liebt Herausforderungen. Zuerst schuf er die ganze Umgebung. Dabei legte er sich mächtig ins Zeug und formte alles leidenschaftlich bis zum kleinsten Detail. Er bastelte mit besonderer Liebe an Dingen, von denen er wusste, dass die von niemandem je bemerkt werden würden. Er tat das aus purer Freude daran, dass er die Fähigkeiten dazu besaß. Es war ein Meisterwerk, was da unter seinen Händen entstand. Das Krachen, als er die Berge aus dem Boden zog, riss ihn aus seinen Gedanken ... schmunzelnd dachte er darüber nach, wie sich die Menschen den Kopf darüber zerbrechen würden, wie das alles entstanden sein könnte. Und dann freute er sich auf sein größtes Kunststück: die Erschaffung des Menschen, mit dem er der ganzen Schöpfung die Krone aufsetzen würde. Nie würde diese Meisterleistung je von irgendjemandem getoppt werden können! Bereits sein erster Versuch war perfekt: der erste Mensch – Adam – konnte sich sehen lassen! Völlig begeistert formte er danach die Frau. Das dauerte ein bisschen länger. Er schaute sich das Resultat immer wieder aus einigen Metern Distanz an, machte da ein bisschen was weg und klebte hier noch ein Stück dazu (auch wenn er bereits jetzt wusste, dass sie, egal wie er sie schaffen würde, *immer* irgendetwas finden würde, mit dem sie nicht ganz zufrieden war …) Als er sich zurücklehnte, um alles zu betrachten, konnte er die Begeisterung nicht mehr zurückhalten: Es war sehr gut, alles war einfach sehr gut! Am schwierigsten war das ganze Innenleben gewesen. Nein, nicht die Organe, das war leichteste Übung – denn bei der Erschaffung all der Tiere hatte er ja schon zigmal Ähnliches und teils Komplizierteres geformt und ausgetestet. Nein, das Schwierigste war der innere Kern des Menschen, besonders ein Punkt … Er ließ sich nochmals Zeit, um über eine sehr schwerwiegende Sache nachzudenken, nahm sich das erste Gänseblümlein, dass er genau dafür geschaffen hatte, und flüsterte: „Er kann, er kann nicht, er kann, er kann nicht, ja, er kann!" Von Anfang an hatte Gott sich entschlossen, keine halben Sachen zu machen, und so traf er eine der schwersten Entscheidungen: Er pflanzte dem Menschen den freien Willen ein. Was ist schon Liebe, wenn sie nicht aus einer bewussten Entscheidung zu lieben kommt? Er wollte keine Roboter schaffen, die ihm einfach nachliefen, nur weil er Gott war. Er wünschte sich, ein Gegenüber zu haben, das von sich aus entschieden hatte, ihn zu lieben. Das schloss natürlich die Option ein, dass sich der Mensch unter Umständen auch dafür entschied, seinem Schöpfer den Rücken zuzukehren. Gott holte noch einmal tief Luft und legte dann diese Fähigkeit in seine ersten Menschen hinein. Er wusste genau, was für Probleme er sich dabei eingehandelt hatte. Aber eine Welt ohne diese freien Willen wäre eine Welt ohne echte Liebe. Eine Träne kullerte aus seinem Augenwinkel und ließ die Erde erbeben.

Wie groß muss Gottes Herz sein, dir die Option zu gewähren, dass du dir ausdenken kannst, dass es ihn *nicht* gibt! Oder dass es ihn vielleicht geben könnte, aber du nichts mit ihm zu tun haben willst. Das zeigt uns die Größe dieses gewaltigen Gottes auf: Er begrenzt sich selbst und lässt uns die freie Entscheidung. Wäre ich Gott, hätte ich diesen Schritt nicht gewagt. Ich hätte mir Menschen gebastelt, die mir permanent die Füße küssen, weil sie mich so toll finden. Aber wahrscheinlich wär mir das bald langweilig geworden, und ich wäre mir vorgekommen wie ein Star, der nur noch Rotz heulende Groupies vor sich hat und gerne mal ein echtes Gegenüber hätte, um ein vernünftiges Gespräch zu führen. Und ich hätte meine vom Küssen angeschwollenen Füße nicht mehr in die Wolkenpantoffeln reingekriegt. Gottes Liebe zeigt sich darin, dass du dich gegen ihn und seine Liebe entscheiden kannst. Damit dies möglichst nicht geschieht, wirbt er die ganze Zeit darum, dein Herz zu gewinnen wie ein echter Liebhaber, weil er sich nach einer leidenschaftlichen und lebendigen Beziehung zu dir sehnt.

Wir haben erkannt, wie sehr Gott uns liebt, und wir glauben an seine Liebe. Gott ist Liebe, und wer in der Liebe lebt, der lebt in Gott und Gott lebt in ihm.

1. Johannes 4,16 (NL)

 Hast du auch schon mal jemanden über alles geliebt, aber die Person hat dir dann einfach einen Korb gegeben? Wie hast du dich da gefühlt? Kannst du dir vorstellen, wie es Gott geht, wenn wir ihm einen Korb geben?

 Geh in den Wald oder in den Garten und versuch mal, mit all dem herumliegenden Material einen kleinen Menschen zu bauen. Selbst wenn du nur Staub dazu nehmen würdest und ihn noch dazu kriegen würdest, dass er sich bewegt: Gott würde nur lächeln und sagen: „Toll gemacht. Und jetzt versuch das mal mit Material zu machen, das du selbst geschaffen hast."

Danke Gott, dass du frei denken kannst – und sogar ihn anzweifeln darfst.

 5. Mose 11,26–28; Matthäus 23,37; Johannes 6,63–69

40. Allein geht man ein

Es war einmal ein Körper, bei dem kriegten sich die einzelnen Körperteile ziemlich in die Haare. Irgendwie war jedes Teil überzeugt, dass es ohne die anderen auch ganz gut zurechtkommen würde. Die Nase hatte die Nase voll von den Füßen, denn sie konnte die Schweißlatschen nicht riechen. Die Füße wiederum waren eingeschnappt, weil sie sich nicht wertgeschätzt fühlten. Täglich liefen sie unermüdlich und kriegten dafür nicht den kleinsten Dank. Lief aber mal die Nase, dann schenkte man der unglaublich viel Beachtung. Als es die Nase aber mal ohne Füße probierte, fiel sie heftig auf die Nase. Und die Füße verliefen sich im Alleingang heillos, weil ihnen, wenn sie nach dem Weg fragten, immer nur gesagt wurde: „In diese Richtung, einfach der Nase nach". Tja, aber die Nase war ja gar nicht dabei. Die Augen fanden die Streitereien zwischen den Füßen und der Nase lächerlich. Sie waren klar der Ansicht, dass sowieso nichts mehr läuft, wenn sie nicht mitspielen würden – und wollten nichts mehr mit den Ohren und der Nase zu tun haben. Doch weit kamen die Augen nicht alleine, denn sie sahen nur noch verschwommen, weil Ohren und Nase fehlten, die die Brille trugen. Und auch der Mund wollte sich selbstständig machen. Weil aber der Rest vom Körper nicht mitkam, fiel er natürlich tüchtig auf die Fresse. Er hatte den Mund doch ein wenig zu voll genommen. Da war noch der Bauch, der sich als Nabel der Welt – oder zumindest des Körpers – betrachtete und es auch im Alleingang versuchte. Doch ohne seinen Freund, den Darm, kriegte er heftigste Blähungen und brach das Experiment wieder ab.

Alle machten früher oder später genau dieselbe Erfahrung: Sie kamen alleine nicht durchs Leben: Das Herz merkte schnell, dass es ohne die anderen ziemlich schnell ausgepumpt war. Den Lungen ging die Luft aus. Die linke Hand begann die rechte zu vermissen, denn sie hatte beim Volleyballspielen ziemliche Probleme. Das rechte Bein hatte es satt, sich hüpfend – ohne sein linkes Gegenüber – fortzubewegen. Der Kopf bekam die Krise, weil er ohne den Hals weder Nicken noch Kopfschütteln konnte, und das Hirn empfand sich als völlig nutzlos, weil es sich lauter tolle Dinge ausdachte, aber niemand da war, der auch nur das Geringste davon umsetzte.

Also setzten sich die Körperteile wieder zusammen und beschlossen, von jetzt an zusammenzuarbeiten. Sie waren auch heilfroh, dass der Außenseiter, der Hintern, wieder da war, dessen Furzideen ihnen zugegebenermaßen oft ein wenig gestunken hatten. Aber ohne den Hintern hätten sie sich ja auch gar nicht zusammen an einen Tisch setzen können! Der Allerwerteste fand es natürlich saucool, endlich mal zu spüren, gebraucht zu werden und strahlte über beide Backen.

Die Bibel sagt (in Römer 12,4–5), dass die Gemeinschaft von Menschen wie unser Körper funktioniert: Sie besteht aus vielen Teilen, die zusammen einen einzigen Leib bilden. Jeder von ihnen hat seine besondere Aufgabe. Wie unterschiedlich wir auch sein mögen – durch unsere Verbindung mit Jesus gehören wir zusammen, sind ein Leib, und wie die Glieder unseres Körpers sind wir einer auf den anderen angewiesen.

Glaube ist nicht etwas, was nur mit mir allein zu tun hat – er gehört also nicht nur ins stille Kämmerlein. Zum Glauben gehört das Miteinander ganz selbstverständlich dazu. Deshalb ist es so wichtig, dass wir regelmäßig Menschen um uns haben, die Gott auch lieben. Ohne eine solche Gemeinschaft wird unser Glaube bald schwächer werden oder vielleicht sogar ganz absterben. Wir brauchen eine Gemeinde, eine Kirche, einen Teenkreis oder sonst irgendeinen Ort, wo wir uns mit anderen Christen treffen können. Denn dort können wir uns gegenseitig ermutigen, die Gemeinschaft mit Gott in der Gruppe genießen und voneinander lernen. Jeder hat quasi ein Puzzle-Teil in der Hand, das ihm ein Stück von Gott zeigt ... erst gemeinsam kriegen wir ein Bild zusammen, dass uns die wahre Größe Gottes erahnen lässt.

By the way: Es lohnt sich total, in die Kirche zu gehen. Es gibt wenige Orte, die sicherer sind. Wenn man nämlich Statistiken von Unfalltoten studiert, dann geschehen ungefähr 37 Prozent dieser Unfälle im Haushalt, 35 Prozent bei Freizeitaktivitäten, 23 Prozent sind Verkehrsunfälle und etwa drei Prozent Arbeitsunfälle. Es ist also viel sicherer, am Sonntag in der Kirche zu sitzen, als irgendwo Skifahren zu gehen oder den Abwasch zu machen. Überzeugend, oder etwa nicht? Im Ernst: Du bist für Gemeinschaft geschaffen worden. Gott selber hat gesagt, dass es nicht gut ist, dass der Mensch allein sei (steht in 1. Mose 2,18). Also such dir Menschen, mit denen du „Kirche" leben kannst. Denn Kirche ist Gottes Plan A in dieser Welt – einen Plan B hat er keinen.

Der menschliche Körper hat viele Glieder und Organe, doch nur gemeinsam machen die vielen Teile den einen Körper aus. So ist es auch bei Christus und seinem Leib.

1. Korinther 12,12 (NL)

Wo ist dein Ort, wo du dazugehörst? Inwiefern profitierst du von deiner Jugendgruppe/deinem Teenkreis? Was bringst du selber dort ein? Was motiviert dich, dort hinzugehen?

1. Wen könntest du in deine Gruppe, deine Gemeinde einladen? Kennst du jemanden, der noch nicht so lange Christ ist, aber Anschluss sucht – oder sich für den Glauben interessiert?

2. Wenn du selbst noch keine Gemeinde oder Jugendkreis hast, erkundige dich doch mal, wo es in deine Nähe christliche Angebote für dich gibt – und dann fass Mut und geh hin! Du kannst auch an deiner Schule (oder deinem Arbeitsplatz) eine Gruppe starten, in der ihr euch einmal wöchentlich trefft. Nicht, um Zeit abzusitzen, sondern um euch gegenseitig zu ermutigen, an eurem Ort ein Licht für Jesus zu sein. Tipps und Hilfen dazu gibt es zum Beispiel bei der Schüler-SMD unter www.smd.org/schueler-smd und www.schulbeweger.de (Deutschland), unter www.schuelertreff.ch (Schweiz) oder www.schulbeweger.at (Österreich).

1. Korinther 12,12–27; Epheser 4,11–16
Hebräer 10,24–25

41. Deine Geschichte mit Gott

Auf meiner Matura-Reise* nach Polen traf ich vor Jahren in Danzig auf Mikel. Er hatte seinen Job als Linienpilot in Amerika aufgegeben, um Menschen von seinem wunderbaren Gott zu erzählen. Ich war fasziniert von diesem einfachen Mann mit der Gitarre und der Bibel unterm Arm. Mikel erzählte von Wundern, die er selbst erlebt hatte, und forderte die Menschen heraus, an Jesus zu glauben. Ich stellte mich zu ihm und begleitete ihn auf meiner Bluesharp – einfach, weil mich dieser Mann faszinierte. Er war immer von einem Dutzend Menschen umgeben, die ihm zuhörten. Als mich Mikel plötzlich herausforderte, doch auch etwas zu erzählen, knickte ich ein. Mein Englisch war schlecht und es hätten ja meine Schulkameraden vorbeilaufen können. Ich stotterte irgendwelche Ausreden und blies wie ein Irrer in meine Bluesharp. Mikel lächelte und erzählte den Leuten weiter von seinen Erlebnissen mit Jesus. Tief bewegt erlebte ich dann, wie ein kleiner bettelnder Junge, von denen es in Polen unzählige gibt, sagte: „Wenn dieser Jesus mich liebt, dann will ich ihn haben in meinem Leben. Sag ihm, er soll kommen." Wir knieten uns hin und beteten zusammen. Dann stand er auf, nahm aus seinem Becher ein paar Münzen heraus, leerte sie auf die Treppe und sagte: „Das ist für Jesus!" Er strahlte dabei über das ganze Gesicht und Tränen rollten ihm die Wangen runter. Ich war tief beschämt – dieser Junge bettelte den ganzen Tag und schlief auf der Straße. Ohne Geld

---

* in Deutschland entspricht das der Abschlussreise nach dem Abitur.

konnte er nicht überleben. Und das gab dieser Junge einfach so weg – für Jesus. Am nächsten Tag brachte er seinen besten Freund mit, der auch betteln ging, denn dieser musste Jesus auch kennenlernen!

Damals in Polen hatte ich ziemlich versagt. Aber mich beruhigt die Tatsache, dass Petrus ja auch ein Hosenschisser war, wie ich, obwohl er das Maul immer ziemlich weit aufgerissen hatte. Aber Jesus hatte auf ihn gebaut, an ihn geglaubt und ihn verändert. Und dann wurde er zu einem mutigen Mann, der anderen leidenschaftlich gern von Jesus erzählte! Mich fasziniert dieser Mut, diese Selbstverständlichkeit, mit der Petrus auftrat. Er stopfte nicht etwa nachts heimlich fromme Traktate in ein paar Nachbarbriefkästen oder postete unter dem Namen „Rocky77" fromme Einträge auf Blog-Foren, sondern erzählte anderen unbeirrt von diesem wunderbaren Gott. Und das mit einer bemerkenswerten Resonanz: 3.000 Leute haben sich nach seiner Predigt für ein Leben mit Gott entschieden! Fakt ist: Petrus erzählte mit tiefster Leidenschaft von einem Jesus, den er hautnah erlebt hatte. Es war seine persönliche Geschichte, die die Herzen der Zuhörer erreichte.

Die große Frage ist: Was ist deine persönliche Geschichte mit Gott? Wenn du eine Beziehung zu Gott hast, dann hast du eine Story zu erzählen! Die muss nicht besonders spektakulär, dramatisch oder filmreif sein, aber sie ist kraftvoll, weil es *deine* persönliche Geschichte ist. Und die bringt viel mehr als alle „Jesus lebt"- oder „Gott ist Liebe"-Floskeln! Wenn du anderen deine Geschichte erzählst, wird dein eigener Glaube wachsen – und oftmals auch ihrer. Der Glaube wird zunehmen, ganz egal, wie klein er auch sein mag. Weil persönliche Geschichten eben ermutigen. Je mehr wir von unserem Glauben erzählen, desto stärker wächst er. Ich kann es nicht beweisen, aber es geschieht.

Unterschätze nie die Power einer guten Story! Lies mal 2.

Samuel 12,1–7. Nathan hatte den unangenehmen Auftrag, den König David zurechtzuweisen. Weil er wusste, wie Menschen ticken, erzählte er David ein „Geschichtlein". Über Schafe. Und nicht zufällig handelte die Story von Schafen. David war einst Schafhirte gewesen, und deshalb verstand er nur zu gut, wovon Nathan erzählte. Die Geschichte wirkte auf ihn deshalb so stark, weil es ihn emotional völlig einnahm – und am Ende brauchte Nathan gar keine langen Ausführungen zu machen, sondern es reichte ein simpler, kurzer Satz: „Du bist der Mann!" Und David gingen die Augen auf.

Auch in deiner Geschichte mit Gott steckt die Kraft, das Leben deiner Freunde völlig zu verändern!

Macht Christus zum Herrn eures Lebens. Und wenn man euch nach eurer Hoffnung fragt, dann seid immer bereit, darüber Auskunft zu geben, aber freundlich und mit Achtung für die anderen.

1. Petrus 3,15 (NL)

 Wir Menschen lieben emotionale Geschichten. Deshalb gucken wir uns Filme an, lieben Reality Soaps und hörten als Kinder der Oma wie gebannt beim Märchenerzählen zu. Oh Mann, wie ich das geliebt habe! In der Nacht hab ich mich dann heimlich in die Rolle des Prinzen geträumt und alle Drachen selber besiegt. Natürlich hab ich dann auch die Prinzessin gekriegt. Jedes Mal. Weil Jesus uns Menschen kennt, hat er immer und immer wieder Geschichten erzählt. Und die Jünger erzählten dann ihre Geschichten mit Jesus. Die Evangelien sind voll davon. Was ist deine Geschichte mit ihm?

Schreib das, was du persönlich mit Gott erlebt hast, mal in Form einer Geschichte auf. Es kann sein, dass es eine Story ist, die dein Leben in Kurzform zusammenfasst; oft sind es aber auch einzelne, prägnante Erlebnisse, die unsere Geschichte mit Gott ausmachen. Wichtig ist es, dass du beim Schreiben die Veränderung herauszustreichen versuchst, die durch Jesus in deinem Leben geschehen ist (Aufbau: Vorher – Erlebnis – Nachher). Kleiner Tipp, damit dein Bericht nicht zum Roman mutiert: Er sollte in 3–5 Minuten erzählt sein. Wenn man schon länger mit Gott unterwegs ist, gibt es sicher nicht nur die *eine* Geschichte, sondern mehrere, die man aufschreiben könnte. Ein Beispiel von mir wäre: „Ich konnte jahrelang nicht weinen (Vorher) – Gott hat mein Herz weich gemacht (Erlebnis) – jetzt hab ich bei jedem Hollywood-B-Movie Tränchen in den Augen (Nachher)". Es kann natürlich auch sein, dass du erzählst, was dich bewegt hat, dich für ein Leben mit Gott zu entscheiden – und was sich dadurch verändert hat. Wie auch immer deine Story aussieht: Ich mache dir Mut, sie auch tatsächlich jemandem zu erzählen!

Psalm 145,1–7; Apostelgeschichte 26,1–23; 2. Timotheus 1,8

42. In den richtigen Zug steigen

Es gibt einen Gedanken, dem ich insgeheim immer wieder verfalle: dass ich gut genug bin, dass alle doch irgendwie gut genug sind. Und dass ein christlich angehauchtes Leben schon ausreicht, um das Ziel zu erreichen – ganz gleich, was man sich unter diesem Ziel vorstellt. Alle Wege führen nach Rom. Diese Idee ist verlockend. Die Realität belehrt mich jedoch eines besseren. Wenn ich nach Zürich will, aber nicht in den Zug Richtung Zürich einsteige, sollte ich mich auch nicht wundern, dass ich bis zum Mittag nicht in Zürich ankomme, sondern vielleicht am Schluss gar in Italien lande, da ja scheinbar alle Wege nach Rom führen ... Was natürlich auch schön ist, aber ganz klar am Ziel vorbei.

Genauso ist es mit Jesus. Er ist der Zug zu unserem wahren Zuhause. Wenn ich bei Gott ankommen will, dann muss ich diesen Zug nehmen. Ohne ihn keine Ankunft am Ziel – bei Gott. Das hat Jesus auch selbst deutlich gesagt: „Ich bin die Tür" (Johannes 10,9). Und: „Ich bin der Weg" (Johannes 14,6). Er sagt sogar, dass er der einzige Weg dorthin ist. Es gibt keine Alternative – keine andere Route, und auch kein anderes „Fortbewegungsmittel", also weder einen Bus noch eine romantische Pferdekutsche. Sondern nur diesen einen Zug: Jesus höchstpersönlich. Ich hätte das liebend gerne irgendwie anders eingefädelt. Aber Gott legt die Spielregeln zu dem Spiel fest, das er erfunden hat. Von der anderen Seite betrachtet muss man auch sagen: Gott sei Dank *gibt* es einen Zug!

Wenn ich selbst schon in diesem Zug sitze, dann ist es

mein Part, die Menschen auf den rettenden Zug hinzuweisen. Auf den Zug, der in der Ewigkeit bei Gott ankommt.

Leider wissen viele Christen nicht, wie man anderen erklärt, wie sie in diesen Zug einsteigen können und was sie am Ziel erwartet. Sie erzählen dann irgendwas Abstraktes wie „Jesus ist der Friedefürst" und „Gott macht dich frei", aber kriegen es nicht auf den Punkt. Deshalb habe ich dir hier eine Reisebeschreibung zusammengestellt:

1. Gott liebt dich: Gott ist das Ziel deines Lebens, und deine wahre Bestimmung ist es, bei ihm anzukommen – mit ihm dein Leben und eine ganze Ewigkeit zu verbringen. Der Himmel ist dein wahres Zuhause, und Jesus hat schon alles für deine Ankunft vorbereitet. Er will dich in seiner Nähe haben – weil er dich so sehr liebt und dich als sein Kind in die Arme schließen will! Seine Liebe ist riesig und grenzenlos (siehe 1. Johannes 4,16 und Psalm 16,11).

2. Du hast gesündigt: Wir alle haben das Ziel verfehlt. Wir haben es verbockt, weil wir Menschen unser Leben selber leben wollen. Haben uns auf einen Egotrip begeben und die guten Lebensgrundregeln von Gott völlig missachtet. Das nennt die Bibel „Sünde". Aber auf diesem Egotrip werden wir niemals am Ziel ankommen. Wir fahren auf dem falschen Gleis und sitzen im falschen Zug! (siehe Römer 3,23 und Jesaja 59,2).

3. Jesus starb für dich: Jesus will dich auf das richtige Gleis holen. Er will, dass du im richtigen Zug sitzt, der auch wirklich am Ziel ankommt! Dafür hat er alles gegeben! Er ist für dich bis zum Äußersten gegangen – und hat sein Leben für dich gelassen. Damit hat er den Preis für deine Zielverfehlung bezahlt, den du hättest zahlen müssen. Du bist schuldfrei, wenn du dieses Ticket, das er dir hinhält, annimmst! Und die Power der Vergebung von Jesus wird dein Leben verändern (siehe Johannes 3,16 und Jesaja 53,4–5).

4. Du musst dich entscheiden, für Gott zu leben: Du musst dich entscheiden, in den richtigen Zug einzusteigen. Das heißt, deine Entscheidung ist es, ob du mit Gott leben willst. Entscheidungen sind so wichtig! Wenn du im Leben etwas verändern willst, dann braucht es immer eine bewusste Entscheidung. Und die kann dir keiner abnehmen (siehe Johannes 1,12 und Offenbarung 3,20).

Diese vier Punkte sind so simpel – und genau deshalb so kraftvoll. Gott hat das Ganze so simpel eingefädelt, weil er die Hürde für dich und mich möglichst niedrig halten wollte. Damit wir wieder mit ihm eine Beziehung haben können und am Ziel ankommen.

Willst du mithelfen, dass sich das Leben von Freunden, deiner Familie oder Sportkameraden verändert? Dann erklär ihnen diese vier Punkte. Dabei geht es überhaupt nicht darum, sie zu überzeugen. Aber es ist ihr Recht, diese Wahrheit einmal zu hören. Für welchen Zug sie sich dann entscheiden, das liegt ganz alleine bei ihnen.

Denn ich schäme mich nicht für die gute Botschaft von Christus. Diese Botschaft ist die Kraft Gottes, die jeden rettet, der glaubt – die Juden zuerst, aber auch alle anderen Menschen.

Römer 1,16 (NL)

 Kannst du dich an den Moment erinnern, als du zum ersten Mal die Kernbotschaft der Bibel begriffen hast? Was hat sie bei dir ausgelöst? Was hat sie bei dir verändert?

 Merke dir diese vier Punkte, lerne sie auswendig. Die vier Symbole auf www.die4punkte.com helfen dir dabei. Du kannst als Hilfe auch ein Armband oder ein Shirt mit diesen Symbolen tragen (die kriegst du über die Webseite) und wirst dann sicher von Menschen auf die Bedeutung angesprochen. Halte in der nächsten Woche nach einer Gelegenheit Ausschau, bei der du einer Person mit Hilfe der vier Punkte von Jesus erzählen kannst.

 Apostelgeschichte 2,22–38; Apostelgeschichte 8,26–40; Apostelgeschichte 16,30–34

43. Wie man Riesen besiegt

Manchmal sitzen wir im Leben irgendwo fest. Ist mir eben erst passiert, als ich mit dem Warenlift in unseren Keller fuhr, der nur per Lift zu erreichen ist. Irgend so ein netter Kollege bestellte dann den Lift ein paar Stockwerke nach oben, wo er vergaß, die Türe wieder zu schließen. Lift hing oben. Ich saß unten. Und natürlich hatte ich genau dieses eine Mal mein iPhone nicht dabei. Ich saß fest. Ist es dir auch schon so ergangen? Du sitzt fest – weil dich ein handfestes Problem oder eine Krise fest im Griff hat. Und fühlst dich machtlos ... wie ein kleiner Wurm vor einem Riesenberg, der unbezwingbar erscheint. So ein Berg kann eine Prüfung sein, eine ungeklärte Beziehung zu einer Person, deine Eltern, die in einer Sache einfach nicht so wollen, wie du – oder auch ein Lehrer, der dich auf dem Kieker hat. Du kannst nicht mehr gut einschlafen und dir zieht es den Magen zusammen, wenn du nur daran denkst. Das Problem ist einfach zu groß. No Chance, da irgendwie dran vorbeizukommen. Genauso muss sich der Hirtenjunge David gefühlt haben, als er zum ersten Mal dem bist zu den Zähnen bewaffneten Muskelmonster Goliat gegenüberstand. Der war so furchteinflößend, dass selbst die besten Kämpfer auf Davids Seite die Beine in die Hand nahmen und sich eiligst verzogen. Eigentlich hätte David ja sogar die Rüstung von König Saul gekriegt, um zu kämpfen, aber er war ja überhaupt kein Kämpfer wie Saul und konnte damit nicht mal mehr richtig laufen (lies mal 1. Samuel 17,39–39). Aber er hatte ein mutiges Kämpferherz und Gottvertrauen wie sonst keiner. Und so stand er plötzlich vor Goliat. Winzig klein im Vergleich zu ihm, ohne Kampfmontur. Ohne militärisches Know-how. Die Voraussetzungen, sein Problem zu beseitigen, waren denkbar ungünstig. Da stand der kleine Wicht mit seinem Steinschleuderchen und fünf Steinen aus dem Bach. Lächerlich. Was natürlich auch Goliat so sah, der ihn verspottete.

Aber David ließ sich durch nichts entmutigen. Bei solchen Goliat-Problemen kommt es immer auf die Frage der Perspektive an. Du kannst sagen: „Oh, Kacke. Der ist ja riesig! Den kann ich gar nicht *besiegen*!" Oder aber du sagst: „Wow, krass. Der ist ja riesig! Den kann ich gar nicht *verfehlen*!"

Und genau diese letztgenannte Herzenshaltung hatte David. Er war sich seiner Stärke – dem Umgang mit der Schleuder – bewusst, und vertraute völlig darauf, dass Gott ihn nicht hängen ließ. Und er war bereit, seinen Beitrag zum Sieg zu leisten – nicht so wie all die anderen Kämpfer von Israel und Juda, die sich aus dem Staub machten und wahrscheinlich irgendwo beteten, dass Gott einen Blitz schicken möge, um dieses Monstrum zu grillen.

Wenn du im Moment irgendwo vor einem Problem stehst, dann ist beten schon mal eine sehr viel bessere Lösung als gar nichts zu tun und gleichgültig darauf zu warten, dass sich vielleicht mal etwas ändert. David hat Goliat aber nicht einfach nur per Gebet auf fünfzig Zentimeter schrumpfen lassen, um ihm dann eins über die Birne zu ziehen. Er ist mutig aufgestanden und hat diesen Riesen gemeinsam mit seinem Gott angepackt. Du kannst dich entscheiden, aktiv etwas an deiner Situation zu verändern. Zumindest das, was in deinem Einflussbereich liegt. Den Rest darfst du getrost Gott überlassen. Du schmeißt den Stein. Gott schaut, dass er dann auch wirklich ins Ziel trifft. Voll in die Birne!

Lass dich nicht entmutigen durch große Probleme. Je größer der Riese, desto einfacher triffst du ihn mit deinem Stein!

Seid stark und mutig! Habt keine Angst und erschreckt nicht vor ihnen! Der Herr, euer Gott, wird selbst mit euch gehen. Er wird euch nicht verlassen und euch nicht im Stich lassen.

5. Mose 31,6 (NL)

Wo hast du schon einmal eine Situation erlebt, die zunächst aussichtslos erschien? Wie hat sich dann doch noch eine Lösung des Problems gezeigt? Welche Schwierigkeit deines Lebens – als du dachtest: „Ich schaff das nie!" – hast du dann doch erfolgreich gemeistert? Ist es vielleicht an der Zeit, die Rüstung abzulegen, die dir andere übergestülpt haben und mit der du gar nicht mehr vorwärtskommst? Und die dich daran hindert, dein Problem niederzukämpfen?

Bau dir deinen eigenen Goliat, ganz egal, aus welchen Materialien: aus Stühlen* und einem Kleiderberg (die Indoor-Variante), aus Schnee (die Garten-Variante, wenn du in einer schneesicheren Gegend wohnst), aus Ästen (die Wald-Variante), aus Bananenkisten und alten Kartons (die Keller-Variante). Die einzige Bedingung ist: Dein Goliat muss größer sein als du und furchteinflößend aussehen. Dann hängst du ihm ein Schild um, auf das du die größte Schwierigkeit schreibst, der du im Moment gegenüberstehst. Jetzt kommt der coolste Teil: Du nimmst einen Tennisball oder einen Fußball und schmeißt dein Riesen um. Kein Problem, wenn du dafür mehr als nur einen

---

* bitte vorher unbedingt mit deinen Eltern abklären! Nicht, dass du die wertvollen Mahagoni-Möbel ruinierst ...

Schuss brauchst. (Macht sogar noch mehr Spaß, wenn man mehrmals draufhauen darf!)

 1. Samuel 17,41–51; Matthäus 14,22–33

44. Einfach nur glauben

Oft wird der Glaube an Gott als etwas sehr Naives abgestempelt. „Wie kann man nur …", wo man doch bei dem heutigen Wissensstand so viel weiß! Man vergisst jedoch den nicht ganz unwesentlichen Aspekt, dass „viel Wissen" nicht unbedingt auch „das richtige Wissen" bedeutet. Und in einem Zeitalter, in dem Informationen unkontrolliert rund um den Globus verbreitet werden, wird es immer bedeutender, zwischen „Müll" und „Wahrheit" unterscheiden zu können. Tatsächlich begegne ich immer wieder Menschen, die nicht an Gott glauben wollen, da sie sich auf den Verstand und ihr Wissen – und nicht den Glauben verlassen möchten. Genaugenommen ist diese Aussage eigentlich unsinnig. Man kann gar nicht *nicht* glauben. Denn alles, was ich weiß, beruht nämlich auf nichts anderem als der *Entscheidung zu glauben*. Weil meine Mami mir, als ich noch klein war, 517-mal auf den Riecher getippt hat, und dabei laut und deutlich das Wort „Nase" formulierte, darum habe ich mich entschieden, ihr das mal zu glauben. Alles, was ich weiß, beruht auf einer Entscheidung. Auch in der Schule entscheidet man sich zu glauben. Zum Beispiel, dass 4 + 4 = 8 ist (auch wenn bei meiner Kopfrechnerei ständig 19 rauskommt …). Wir sind dazu geschaffen zu glauben. Die Frage ist nicht, *ob* wir glauben oder nicht, sondern nur, *was* und *wem* wir glauben!

Wenn wir ehrlich sind, dann glauben wir nämlich ziemlich viel Müll. Unzählige Märchen geistern durch die Welt, werden von Generation zu Generation weitergereicht, obwohl das Ganze gar nicht stimmt – ja, noch nie gestimmt hat.

Zu diesen Märchen gehört zum Beispiel, dass Selbstbefriedigung blind macht. Tatsache ist: Es kann schon blind machen – aber nur, wenn man es während einer Sonnenfinsternis tut und dabei genau in den Lichtkranz blickt, der sich bei einem solchen Naturschauspiel bildet. Dann wäre da noch die Mär, dass Spinat deshalb gesund sei, weil er so viel Eisen enthalte. In Wahrheit sind wir da einem simplen Rechenfehler auf den Leim gegangen. Was nicht heißt, dass Spinat ungesund wäre – aber er ist sicherlich nicht übermäßig eisenhaltig. Dass der Genuss von Schokolade die Pickelbildung extrem fördert, ist auch so ein Märchen. (Im Gegensatz dazu ist was dran an der Behauptung, dass der Genuss von Nikotin deinen Pickeln einen kräftigen Wachstumsschub gibt!)

Noch mehr Kostproben gefällig? Nach dem Essen muss man nicht zwei Stunden warten, bis man schwimmen darf, weil die Verdauung eben nicht so viel Blut braucht, dass es bei dieser Aktivität zu einer Blutarmut in irgendwelchen anderen wichtigen Körperregionen kommen würde. (Schwierig wird es lediglich, wenn man sich den Bauch extrem vollstopft, aber in diesem Fall hat man meist eh kein Verlangen nach Sport.) Ach, übrigens, wo wir gerade schon dabei sind: Die Erde ist weder rund noch eine Scheibe, sondern sieht eher aus wie ein flachgedrückter Medizinball.

Du siehst: Bei jeder Sache im Leben müssen wir entscheiden, ob wir sie glauben wollen oder nicht. Ob die Argumente für uns einleuchtend sind oder nicht ...

Und wenn es um die Sache mit Gott geht: Warum da nicht einfach mal mutig seinen Aussagen vertrauen? Was spricht dagegen, dem zu vertrauen, über den die Bibel sagt: „Gott ist kein Mensch, der lügt. Er ist kein Mensch, der etwas bereut. Hat er je etwas gesagt und nicht getan? Hat er je etwas versprochen und es nicht wahr gemacht?" (4. Mose 23,19; NL)?

Stell dir vor, dein Glaube ist ein Turm aus Duplo-Steinen.

Es ist durchaus möglich, dass dieser Turm ziemlich wankt – weil du dir noch nie so richtig überlegt hast, *was* du eigentlich alles glauben willst. Und andere Menschen haben dann einfach an deinem Turm weitergebaut und dir Duplo-Bausteine irgendwo oben oder seitlich an deinen Turm angepappt. Wag es doch einfach mal, alle Bausteine wegzunehmen, und lege ein neues Fundament. Der unterste Stein könnte zum Beispiel heißen: „Ich glaube, dass es Gott gibt." Dann kommt ein weiterer dazu: „Ich glaube, dass er die Welt geschaffen hat." Die nächsten Steine stehen für die Glaubenssätze: „Ich glaube, dass er Wunder tun kann." „Dass er mich persönlich liebt." „Dass er in Jesus für mich gestorben ist." „Dass die Bibel das von ihm inspirierte Buch ist." „Dass er Pläne für meine Zukunft hat" … Auf diese Weise baust du dir deinen Glaubensturm neu auf. Es ist egal, wie viele Steine du übereinanderstapelst. Wichtig ist nur, dass du bei jedem Stein bewusst entscheidest, *dass* du das glaubst. Dann hält der Turm nämlich auch Stürme aus und du kannst ein Leben lang daran weiterbauen.

Fakt ist: Wir *müssen* glauben. Aber wir können und dürfen auswählen, *was* und *wem* wir glauben wollen. Die Dinge dabei ein bisschen genauer in Augenschein zu nehmen lohnt sich. Glaub mir!

Denn wir leben im Glauben und nicht im Schauen.
2. Korinther 5,7 (NL)

Egal, wie einsam du dich vielleicht mit deinem Glauben oder deinen Ansichten fühlst – nicht immer hat die Mehrheit recht. Ich habe mehr als zweieinhalb Jahrzehnte mit allen anderen zusammen daran geglaubt, dass Pluto ein Planet ist. Bis dann im August 2006 entschieden wurde, dass Pluto gar kein Planet ist! Ich hatte also – gemeinsam mit meinen Lehrern und Mitschülern – jahrelang an etwas geglaubt, das gar nicht stimmt. In diesem Fall ist das ja kein großes Ding. Aber die Episode in meinem Leben hilft mir, bewusst zu entscheiden, was ich glauben möchte.

Klau dir ein paar Duplo-Steine von deinem Bruder oder kauf dir welche (Steine, nicht Brüder). Bau dir daraus einen soliden „Glaubensturm". Du kannst die Aktion auch gemeinsam mit deinem besten Freund oder deiner besten Freundin durchführen – und jeder baut dann seinen eigenen Turm. Jeder Stein steht für einen bestimmten Glaubenssatz. Überleg dir beim Bauen: Was kannst du glauben? Und was nicht? Welche Steine bleiben am Ende liegen, weil du es einfach nicht schaffst, diese in deinem Turm zu verbauen? Sprich mit deiner Freundin, deinem Freund darüber und rede mit Gott über diese Steine. Er wird dich verstehen! Und vielleicht kannst du diese Steine zu einem späteren Zeitpunkt dann doch noch verbauen.

Johannes 20,24–29; 2. Korinther 4,18; Hebräer 11,1

45. Der Tag, an dem mein Laptop starb

Gestern hat sich mein Laptop verabschiedet. Ohne Vorwarnung, ohne mir kurz „Tschüss" zu sagen. Einfach Lichter aus und futsch. Und ich sah mich zum ersten Mal in meinem Leben gezwungen, eine Harddisc auszubauen. Nach meinen Wiederbelebungsversuchen (nein, es war keine Mund-zu-Mund-Beatmung!) spuckte sie tatsächlich ihre Daten wieder aus. Frag mich nicht, wie ich das geschafft habe. Denn längst bin ich nicht mehr Herr über meine Geräte. Ich weiss nur, wie man diese Dinger bedient, aber nicht, was sich in ihrem Inneren abspielt. Und mit Schrecken musste ich feststellen, dass diese technischen Dinger mein Leben bestimmen – und nicht umgekehrt. Eigentlich sind Geräte ja dazu gedacht, das Leben zu vereinfachen. Aber die Realität sieht weitaus komplexer aus … Sobald wir – ich und meine neuste technische Errungenschaft – uns nämlich aneinander gewöhnt haben, serbelt sie ab oder ist bald schon so überholt, dass es keine passenden Updates mehr gibt.

Aber zurück zum Thema: Mein Laptop starb und mein Alltag brach zusammen. Es brauchte Stunden, um das Teil zu reanimieren, und meine Daten, meine Fotos – meinen Lebensinhalt – zu retten! Wenn mein Handy mal für eine Stunde akkuleer ist, beschleicht mich das drückende und unangenehme Gefühl, mindestens fünf überlebensnotwendige Anrufe und sicher ein Dutzend lebensverändernder SMS verpasst zu haben. Inklusive natürlich der einmaligen Chance, mein Traumauto für wenig Geld zu ersteigern und *die* Grillparty des Sommers zu verpassen. Den iPod habe ich wohlweislich von Anfang an meiner Frau übergeben. Die Versuchung ist einfach zu groß, ständig meine neusten Songeinkäufe da reinzuladen, um sie dann in endlosen Playlists – für jede Stimmungslage eine neue, versteht sich – rauf- und runterrattern zu lassen. Langsam begreife ich, was da geschieht: Diese Hightech-Dinger fressen meine Zeit – und meine ganze Aufmerksamkeit! Ich spüre es, und will es dennoch nicht wahrhaben, da ich davon überzeugt bin, ohne sie meinen Alltag nicht mehr meistern zu können. Ist diese Abhängigkeit schon eine Sucht? Vielleicht nicht – aber wahrscheinlich ein Ansatz von Versklavung. Es macht total Sinn, wenn du das Leben genießt und dich mit Dingen eindeckst, die dir das Leben vereinfachen. Aber dort, wo du merkst, dass diese Sachen über dich bestimmen – und nicht mehr du über sie, begibst du dich in eine neumodische Form von Sklaverei. Das ist so, als kämst du vom Volleyballtraining verschwitzt nach Hause und würdest dich dann duschen, nur um dich danach in die müffelnde Kleidung des gestrigen Tennis-Matchs zu stürzen. Warum stinkt uns das nicht? Warum begeben wir uns immer wieder in Abhängigkeiten? Jesus hat so klar gesagt, dass wir „zur Freiheit" (Galater 5,13) berufen sind. Also leb auch so und lass dich nicht wieder von irgendwelchen Sachen versklaven und unterdrücken. Weder von Süchten noch von Ängsten noch von Menschen oder Gegenständen. Auch dein Terminplaner kann dich beherrschen … aber das ist nicht das, was Gott für dich gedacht hat. Er möchte, dass du frei bist!

„Alles ist mir erlaubt, aber nicht alles dient zum Guten. Alles ist mir erlaubt, aber es soll mich nichts gefangen nehmen!" (1. Kor 6,12; LUT) bringt's auf den Punkt. Du musst jetzt nicht losziehen und dein iPhone schrotten. Aber schalt nicht nur immer wieder das iPhone und deinen Computer ein, sondern auch deinen Kopf.

Geschwister, ihr seid zur Freiheit berufen! Doch gebraucht eure Freiheit nicht als Vorwand, um die Wünsche eurer selbstsüchtigen Natur zu befriedigen, sondern dient einander in Liebe.

Galater 5,13 (NGÜ)

 Was sind die Dinge in deinem Leben, von denen du denkst, dass du sie wirklich brauchst, und ohne die du dir deinen Alltag nicht mehr vorstellen kannst? Mache eine ehrliche Bestandsaufnahme: Wie viel Zeit verbrätst du mit ihnen? Wie könntest du es schaffen, dass sie dir mit ihren guten Eigenschaften dienen, aber du nicht übermäßig viel Zeit im Umgang mit ihnen verlierst?

 Ruf heute den „Tag der Freiheit" aus und verzichte einmal auf all die Dinge, die dich persönlich manchmal mehr beherrschen als befreien! Kriegst du das hin? Einen Tag lang keine Mails zu checken, dich nicht bei Facebook einzuloggen, keinen Tweet zu lesen, keine SMS zu verschicken und zu lesen? Zu easy für dich? Wie wärs dann mit einer kompletten Woche?

 Römer 5,17; 1. Korinther 7,29–31; Galater 5,1

46. Der filmreife Auftritt

Irgendetwas treibt mich immer wieder dazu, mich anders zu geben, als es meiner Natur entspricht. Nahezu hollywood-reif war mein Abgang auf der Skipiste, als ich vor zig Jahren die Freundinnen meiner Schwester beeindrucken wollte. Jeglicher Bremsreflex war vergessen und ich schmiss mich in der Hocke die steile Piste runter. Sie war bucklig. Sehr bucklig. Eigentlich extrem bucklig. Den ersten Erhebungen wich ich noch gekonnt aus, aber bereits nach dem dritten Stoß knickten meine zittrig-schwachen Beine wie abgebrannte Streichhölzer weg. Genau auf der Höhe meines Zielpublikums surfte ich bäuchlings den Rest des Hangs hinunter, wobei sich meine Nase wie der Kiel eines Segelschiffs durch den erstaunlich harten Untergrund pflügte. Die verkrustete Wunde von der Stirn bis zur Nasenspitze erinnerte mich – und meine Umgebung – noch wochenlang an meinen Tiefflug. Gebrochen war angenehmerweise nichts – außer meinem Stolz. Zum ersten Mal war mir wirklich bewusst geworden, dass Coolsein sehr schmerzhafte Nebenwirkungen haben kann.

Eigentlich ist mir das ja klar, dass Hochmut keine gute Eigenschaft ist und doch erkenne ich bei mir und anderen diesen Charakterzug, sich so zu geben, wie man niemals wirklich ist, aber vielleicht gerne wäre. Kennst du das, um jeden Preis cool sein zu wollen?

Vor kurzem habe ich mich per Zug quer durch Deutschland geschoben. Ich saß zufrieden auf meinem Platz und träumte mich weit weg auf eine einsame Insel. Nur ich und mein Sitz existierten für mich – und sonst nichts. Plötzlich setzte sich ein junger Typ auf den Sitz genau neben mir. Schon sein Aufmarsch strotzte nur so vor Coolness. Mit imponierend wippendem Gang kam er angeschwebt, in der Hand eine geöffnete Bierflasche (sicher nicht die erste). Eigentlich hatte ich mir nichts dabei gedacht, als ich seinen Auftritt aus dem Augenwinkel ein wenig abschätzig zu mustern begann. Aber dabei bekam ich ganz zufällig ein klassisches Missgeschick live mit: Der junge Bursche wollte einen Blick auf die Uhr werfen und drehte dafür sein Handgelenk um etwa 120 Grad. Da seine Reaktionsfähigkeit bierbedingt in den Standby-Modus geschaltet zu sein schien, schwappte eine nicht unbeträchtliche Menge der schäumenden Flüssigkeit aus der Flasche. Das Bier entleerte sich über Shirt und Hose bis hin zur Reisetasche der Frau hinter ihm. Wirklich herrlich!

Meine unchristliche Schadenfreude wich jedoch binnen Sekunden einem Ekelgefühl, da sich auf meiner „einsamen Insel" plötzlich heftiger Biergeruch ausbreitete. Man braucht ein gutes Stück Charakter, um in solchen Situation über sich selbst lachen zu können. (Der angetrunkene Typ konnte es definitiv nicht, denn er zog demonstrativ ein Spickmesser hervor, dessen Klinge er während der nächsten halben Stunde unablässig vor- und zurückschnellen ließ.) Aber Menschen, die das können, beeindrucken mich unglaublich, weil sie total echt sind. Das, was sie mir zeigen, das sind sie auch wirklich – und nichts anderes.

Oftmals trauen wir uns nicht, echt zu sein, weil wir Angst haben, dass unser Ich nicht genügt. Wir versuchen, es hinter einem coolen Über-Ich zu verbergen. Eigentlich absolut sinnlos, wenn man bedenkt, dass es meistens doch durchschaut wird! Und zwar nicht nur von Gott. Denn wenn ich mit irgendeiner coolen Masche ein Mädchen anbaggere, ist das völliger Blödsinn. Sie wird's nämlich irgendwann durchschauen und umso mehr enttäuscht und verletzt sein. Wäre es dann nicht ehrlicher und viel entspannender, einfach das zu zeigen, was man ist?

Das Leben und das Zusammenleben wären viel einfacher, wenn wir aufhören würden, diese doofen Spielchen zu spielen und andere und uns selbst immer und immer wieder zu täuschen! Im Endeffekt stellt sich nur die eine Frage: Worin habe ich meine Identität? Nicht, was ich sein will, sondern was ich bin, zählt! Nicht, was ich aus mir machen will, sondern das, was Gott aus mir gemacht hat. Und das ist so perfekt und so schön, dass wir es trotz unserer Fehler nicht zu verstecken brauchen! Aber diese Erkenntnis rutscht uns nur schwer ins Herz, nicht wahr? Doch wir bekommen hier himmlische Hilfe: „Es liegt also nicht am Menschen mit seinem Wollen und Bemühen, sondern an Gott und seinem Erbarmen" (Römer 9,16; NGÜ). Wenn wir gerafft haben, dass es nicht darum geht, was wir schaffen, sondern um das, was wir vor Gott sind und was er durch uns schafft, rückt das unsere eigenen Leistungen und unseren eigenen Wert ins richtige Licht – und befreit uns von jeglichem „Ich muss was darstellen"-Gefühl!

Ich habe mich entschieden, der Meinung von Jesus mehr zu glauben als der Meinung anderer Leute. Nicht ganz so einfach, aber total befreiend! Ich will den Menschen mein wahres Gesicht, mein ungeliftetes Ich zeigen. Vielleicht ist ein solcher Auftritt oftmals nicht so spektakulär, wie ich es gerne hätte – dafür für mich auf unerklärliche Weise liebenswert und echt. Das entspannt unglaublich, weil ich nicht mehr dauernd ein unrealistisches Bild von mir vorführen muss, um anderen zu gefallen. Weil ich weiß, dass Gott mich mag – so uncool, wie ich eben bin. Und das ist doch mal wirklich cool – oder?!

Denn ich sage durch die Gnade, die mir gegeben ist, jedem unter euch, dass niemand mehr von sich halte, als sich's gebührt zu halten, sondern dass er maßvoll von sich halte, ein jeder, wie Gott das Maß des Glaubens ausgeteilt hat.

Römer 12,3 (LUT)

 In welchen Situationen bist du versucht, den Coolen raushängen zu lassen oder dich anders zu geben als du wirklich bist? Wo versteckst du dich hinter einer Maske? Findest du das nicht auch ab und zu anstrengend? Was hindert dich daran, einfach du selbst zu sein?

 Achte doch diese Woche mal darauf, wie du anderen begegnest. Und versuche, echt zu sein. Du wirst vielleicht merken, dass andere das beeindruckt. Manchmal merkt man das auch nicht sofort: Mir hat ein Schulkollege Jahre nach unserem Abschluss geschrieben, für ihn sei es total wichtig gewesen, dass ich meinen Glauben so klar gelebt hatte. Er gestand mir, dass er auch an Gott glaube, es damals aber einfach nicht geschafft habe, sich als Christ erkennen zu geben. Es lohnt sich also, echt und transparent zu leben!

 Sprüche 27,2; Lukas 12,1–3; Lukas 14,7–11; Galater 5,26

47. Bibelstellenverwirrung

Bibellesen macht Stress. Und würde ich all den christlichen Zwängen nachgeben, wäre mein Gewissen längst zusammengeklappt. Es gab mal Zeiten, da hatte ich extrem viel Freude am Bibellesen und konnte nachts einfach nicht *einschlafen*, ohne vorher noch ein paar Zeilen zu *lesen*. Momentan ist es jedoch eher wieder so, dass ich nachts nicht mehr *lesen* kann, weil ich dabei *einschlafe*. Und der Druck steigt. Nicht mehr so stark wie früher, aber ab und zu schwebt im Hinterkopf der Gedanke vorbei, was für ein schlechter Christ ich doch bin. Aber mittlerweile schwebt er immer seltener durch meine Gehirnwindungen.

Genau so, wie meine Beziehungen Höhen und Tiefen durchleben, erlebe ich auch meine Beziehung zu Gott. Und meine Beziehung zu seinem Wort. Mal ist alles rosarot, mal kriselt es. Ich kann mich noch sehr gut an meine erste Bibel erinnern. Eine Schlachter-Übersetzung. Keine Ahnung, wieso die so heißt. Vielleicht steckt da der Gedanke drin, mit der Bibel als Schwert in der Hand alles feindlich Gesinnte *niederzuschlachten*? Oder durch möglichst komplizierte Wortwahl unsere Freude am Lesen *abzuschlachten*? Ein Teenager mit einer Schlachter-Bibel ist wahrscheinlich etwa so passend wie mein Ur-Urgroßvater auf einem Trampolin. Beide werden bald ziemlich frustriert aufgeben, da sie schon nach kurzer Zeit völlig die Orientierung verloren haben. Der eine sammelt seine Gedanken, der andere seine Knochen ... Aber ich habe sie geliebt. Nicht die Knochen! Sondern meine erste Bibel. Obwohl ich mir keine Bibelstellen merken konnte.

Bibelstellen und Namen kann ich bis heute einfach nirgendwo in meinem Hirn verankern, meine Synapsen schalten da ständig auf Durchzug. Ich frage mich, wieso das Zitieren von genauen Zahlenangaben einen so hohen Stellenwert in manchen christlichen Kreisen besitzt. Als müssten wir irgendwann mal vor Gott stramm stehen und eine Zahlenprüfung absolvieren: Er schmettert uns mit donnernder Stimme x-beliebige Zahlen entgegen, und wenn wir nicht innerhalb von Sekunden den passenden Vers rausposaunen, kriegen wir weder eine Harfe noch ein Eintrittsticket in den Himmel. Die gute Nachricht ist aber: Gott hat nie gesagt, dass der, der den biblischen Zahlencode liebt und auswendig zitieren kann, gerettet ist.

Es könnte ja tatsächlich möglich sein, dass es Gott noch ein bisschen wichtiger ist, dass wir wissen, *was* in der Bibel steht ... Ich und meine Bibel hatten da schon ziemlich witzige Erlebnisse miteinander:

Meine Mama wollte einen schönen Vers auf eine Verlobungskarte schreiben. Da ich gerade einen passenden gelesen hatte, war ich gerne bereit, meinen geistigen Schatz mit ihr zu teilen. Irgendwo in der Chronik musste der stehen. Ich hatte den Eindruck, es müsse 1. Chronik 2,4 sein. Zur Sicherheit nochmals kurz nachschlagen ist nie schlecht, und – da stand Schwarz auf Weiß: „Tamar aber, seine Schwiegertochter, gebar ihm Perez und Serach, sodass die Söhne Judas zusammen fünf waren" (LUT). Uii – nein, wir sind doch erst bei der Verlobung und wollen da nichts provozieren. Nach diesem Fehlgriff ließ mein männlicher Instinkt Erinnerungen an die korrekte Zahlenfolge aufsteigen. Genau: 2. Chronik 13,2. Das war es! Leicht schockiert las ich dann jedoch die wenig erbaulichen Zeilen: „Es war aber Krieg zwischen Abija und Jerobeam" (LUT). Die beiden hießen zwar weder Abija noch Jerobeam, dennoch schien uns der Vers nicht so ganz passend zur Verlobung. Wenn mein untrüglicher Instinkt mal einen Aussetzer hat (kann ja mal passieren), habe ich ja noch immer einen Pfeil im Köcher: die himmlische Eingebung. Plötzlich sah ich den Vers wie eine Leuchtreklame vor meinem inneren Auge flackern. Ja! Es war 1. Chronik 2, Vers 26. Leicht nervös schlugen wir nach und fanden folgende Worte: „Und Jerachmeel hatte noch eine andere Frau, die hieß Atara" (LUT). Ähm... irgendwie suboptimal. Ich gab es auf. Der gesuchte Vers blieb verschollen.

Manchmal lese ich die Bibel und es passiert nichts sonderlich Aufregendes. Mein Hirn produziert keine Glückshormone, es geschieht kein Wunder und ich mache auch keine außergewöhnlichen, tiefgeistlichen Erfahrungen. Aber ich verbringe Zeit mit Gott, und das ist der springende Punkt. Wie in meiner Ehe mit Tamara. Nicht jede Stunde, die wir miteinander verbringen, ist so gewaltig, dass wir uns nachher ungläubig anschauen und einander tief bewegt mit Tränen in den Augen in die Arme fallen. Wir verbringen schlicht und einfach Zeit miteinander, weil wir miteinander verheiratet sind.

Wenn du in der Bibel liest, verbringst du Zeit mit Gott – und du liest sein Wort. Immer wieder wird es Sätze und Geschichten geben, die dir ins Leben reden. Du wirst Wahrheiten entdecken und Dinge in deinem Leben aufgezeigt bekommen, die nicht gut sind und die du anders leben könntest. Das Krasse aber ist doch: Du kannst Zeit mit dem Chef der Schöpfung haben, während du in der Bibel liest und mit ihm redest. Wenn du in einer großen Firma angestellt wärst, müsstest du dich wahrscheinlich ziemlich bemühen, eine Audienz beim Chef zu kriegen.

Schon seit Jahren wird auf Ebay ein Mittagessen mit der Investorenlegende Warren Bufett versteigert, einem der reichsten Männer der Welt. Über 2,5 Millionen Dollar wurden dafür schon geboten! Wahnsinn. Da gibt es Leute, die bereit sind, so viel zu bezahlen, nur um diesen Mann ein paar Stunden lang mit Fragen zu löchern und so viele Tipps von ihm zu kriegen, wie nur möglich. Ich bin sicher, dass derjenige, der eine so unglaublich große Summe zahlt, jede Minute dieses Treffens auskosten wird, und versuchen wird, so viel wie möglich aus dieser Zeit rauszuholen.

Lass dir das mal auf der Zunge zergehen: Du darfst mit dem Chef der größten „Firma" – dem Schöpfer dieser Welt – zusammensitzen und ihn alles fragen! Er hat immer Zeit für dich und redet unter anderem durch die Bibel zu dir. Was für ein Vorrecht! Warum nutzen wir diese Chance nicht bewusster? Warum versuchen wir nicht, alles aus dieser Zeit rauszuholen, um so unser Leben in vollen Zügen auszukosten? Du brauchst keine 2,5 Millionen Dollar. Aber vielleicht ab und zu einen liebevollen Tritt in den Hintern.

Denn alles, was in der Schrift steht, ist von Gottes Geist ein-gegeben, und dementsprechend groß ist auch der Nutzen der Schrift: Sie unterrichtet in der Wahrheit, deckt Schuld auf, bringt auf den richtigen Weg und erzieht zu einem Leben nach Gottes Willen.

2. Timotheus 3,16 (NGÜ)

Es ist völlig okay, die Bibel auch mal *nicht* zu lesen. Nur weil du am Morgen nicht in der Bibel gelesen hast, wird dich Gott nicht mit einem schlechten Tag be-strafen. Oder deine Gebete ignorieren, wie ein trotzi-ger kleiner Junge, der auf Durchzug schaltet, wenn er beleidigt ist. Es ist aber auch gut, wenn wir uns nicht immer von unserer Stimmung treiben lassen, sondern auch lesen, wenn wir gerade keine Lust dazu haben. Es ist wie mit meiner Frau Tamara – wir sind ja nicht nur verheiratet, wenn ich gerade Bock drauf habe. Und nur, weil ich mal ein paar Tage nicht gerade total verliebt bin, heißt das ja nicht, dass wir nicht mehr miteinander sprechen und nichts mehr miteinander unternehmen. Wer sich in Bezug auf Freundschaften mit Menschen und in seiner Beziehung zu Gott nur auf das Lustprinzip verlässt, hat die tiefe Dimension von Beziehung noch nicht ganz verstanden.

Besorg dir eine Bibellesehilfe. Der Bibellesebund hat da starke Bibellesezeitschriften im Programm – auch andere Verlage und Organisationen*. Es hilft, wenn man eine Vorgabe hat, um dran zu bleiben.

Hier außerdem ein paar coole Tipps fürs Bibellesen:
- Lies mal ein ganzes Buch der Bibel anstatt nur einzelner Verse. Es gibt auch nicht so umfangreiche wie Ruth oder Esther (im Alten Testament) oder die Briefe von Paulus (im Neuen Testament).
- Lies mal mehrere Tage hintereinander den gleichen Bibelabschnitt immer wieder – und schau, was du dabei täglich Neues entdeckst.
- Lies eine Bibelgeschichte mal so, als wärst du der Regisseur: Stell dir die Szene als Film vor, achte auf Details der Handlung und des Schauplatzes, und versuche mal, in eine Person zu schlüpfen: Was fühlt und denkt sie? Du kannst auch versuchen, mit dieser Person ein Interview zu führen. Was würdest du sie gern fragen?
- Such dir einen Bibelvers, der dich stark anspricht, und nimm dir dann Zeit und einen Stift, um mit Gott schriftlich darüber ins Gespräch zu kommen. Schreib auch das auf, wovon du glaubst, was Gott dir sagen und antworten will.

 Josua 1,8; Psalm 1; Psalm 119,1–18; Jakobus 1,23

---

* zum Beispiel der Born-Verlag (jährlich erscheinendes Bibellesebuch „Lichtstrahlen", das man auch als App haben kann) oder die Herrnhuter Brüderunität („Losungen für junge Leute", www.jugendlosungen.de)

48. Die 155-Franken-Cola

Er stand mit blutverschmiertem Gesicht vor mir und sagte, er sei ausgeraubt worden. Seine Dokumente und die Brieftasche wären weg und er müsse bei der Polizei eine Kaution hinterlegen. Betroffen ging ich mit ihm zum nächsten Geldautomaten, hob 300 Schweizer Franken ab und drückte sie ihm in die Hand. Er musste aus irgendeinem Grund dann noch mal kurz in seine Wohnung rauf und schlug mir vor, ich solle doch unten in der Bar auf ihn warten. Damit ich ihm auch glaubte, bot er mir seine Jacke an – als Zeichen dafür, dass er wiederkomme. Gutgläubig wie ich bin, lehnte ich dieses Angebot ab und setzte mich in die Bar. Ich bestellte zwei Colas und wartete. Immer wieder schaute ich auf die Uhr. Nach rund fünfzehn Minuten hatte ich mein Glas leergetrunken, und mir dämmerte, dass der Typ wahrscheinlich auf und davon war. Und mit ihm mein Geld. Nach weiteren zehn Minuten begriff ich das ganze Ausmaß der Situation. Es wurden die teuersten Colas, die ich je getrunken hatte – 155 Franken pro Glas. Ich trank „seine" Cola, zahlte und ging. Schockiert über die Tatsache, dass ein Mensch fähig ist, einem anderen so schamlos ins Gesicht zu lügen. Der Gedanke, dass er vielleicht einfach nicht mehr zurück zur Bar gefunden hatte, war dann meine Strategie, meinen Glauben an das Gute nicht aufgeben zu müssen. Funktionierte irgendwie nur mäßig. Da war die andere Version, die sich in meinem Hirn entspann, fast noch besser: dass er direkt vor der Bar seiner Traumfrau begegnete, sich Hals über Kopf verliebte und alles um sich herum vergaß und sich dann ins

Flugzeug nach Las Vegas setzte, um sie dort zu heiraten. Mit meinem Geld hatte er dann an einem Automaten den Jackpot geknackt, Millionen gemacht und ist seither auf der Suche nach mir, um mich am Gewinn teilhaben zu lassen. Irgendwann wird er mich finden ...

Ich bin heute nicht mehr so naiv wie damals. Diese Erfahrung war schmerzhaft, besonders, weil ich damals mit meinem schmalen Studentenbudget gerade so über die Runden kam. Aber dennoch hab ich mich entschieden, den Menschen immer wieder einen großen Vorschuss an Vertrauen zu geben und an sie zu glauben – und damit auch die Möglichkeit einzukalkulieren, mich zu verletzen. Genau so ging es Jesus auch. Seine Nächstenliebe war unglaublich. Er hat die Menschen geliebt, die ihm Nägel durch die Hände geschlagen haben. Er hat Judas, einem seiner engsten Freunde, der ihn dann in den Rücken gefallen ist, voller Liebe und demütig die Füße gewaschen. Obwohl man dem Kerl den Kopf hätte waschen sollen. Jesus kam mit einem unglaublich weiten, liebenden Herzen in unsere Welt – um uns Menschen zu umarmen. Aber anstatt diese Umarmung zu erwidern, haben wir ihn ans Kreuz geschlagen.

Ich hatte, als ich noch Lehrer war, alles in einen Jugendlichen investiert und wollte ihm wirklich helfen. Drei Jahre lang habe ich alle Aussetzer akzeptiert, alle Ausraster weggesteckt und ihm immer wieder eine neue Chance angeboten. Am letzten Schultag organisierte ich ein Fußballspiel für ihn, und weil er mit irgendeiner Sache nicht einverstanden war, spuckte er mir ins Gesicht. Ich wollte diesem Jungen einfach nur helfen, wieder in ein normales Leben zu finden und den Alltag selber zu meistern. Ich kam mit einem naiven Herzen und versuchte, einfach nur zu lieben. Und musste dafür in diesen drei Jahren Spucke, ganz viele hässliche Worte und auch Schläge wegstecken. Wie viel mehr muss es Jesus geschmerzt haben, verhasst zu sein! Er kam, um uns zu lieben, an uns zu glauben und uns mit Gott zu versöhnen – und kriegte dafür die ganze Breitseite an Gewalt und Verachtung ab. „Er kam in die Welt, die ihm gehört, und sein eigenes Volk nahm ihn nicht auf" (Johannes 1,11; NL). Trotzdem hat er nie aufgehört, an das Gute in dir und mir zu glauben und hat den Erlösungsplan seines himmischen Papas durchgezogen.

Der erste, der von diesem Plan profitiert hat, war der Mensch, der direkt neben ihm an ein anderes Kreuz geschlagen wurde. Dieser Mann hatte sehr wahrscheinlich kein braves Leben hinter sich und ganz sicher viele Leute enttäuscht. Aber Menschen können sich ändern, und dieser Kerl realisierte in seinen letzten Lebensminuten, wer dieser Jesus neben ihm war – und dass er ihn, den Erlöser, brauchte. Und Jesus weigerte sich nicht, das Gute in diesem Verbrecher zu sehen.

Wir müssen nicht naiv durchs Leben gehen – aber wir sollten den Menschen dieselben Chancen geben, wie Jesus es getan hat.

Dieses Leiden gehört zu dem Leben, zu dem Gott euch berufen hat. Christus, der für euch litt, ist euer Vorbild, dem ihr nacheifert. Er hat nie gesündigt und nie jemanden mit seinen Worten getäuscht. Er hat sich nicht gewehrt, wenn er beschimpft wurde. Als er litt, drohte er nicht mit Vergeltung. Er überließ seine Sache Gott, der gerecht richtet.

1. Petrus 2,21–23 (NL)

 Wo bist du von Menschen schon enttäuscht worden? Hast du deshalb aufgehört, an das Gute zu glauben? In welchem Bereich deines Lebens wäre es an der Zeit, mutig einen Schlussstrich zu ziehen und neu auf eine Person zuzugehen, auch wenn sie das in deinen Augen vielleicht gar nicht verdient?

 Spring über deinen Schatten und wage ein Experiment: Überrasche jemanden, der eigentlich einen Schritt auf dich zumachen müsste oder bei dem du noch eine Entschuldigung gut hast, mit irgendwas total Nettem.

 1. Mose 29,16–28; Matthäus 5,3–12+38–42; Johannes 18,19–23

49. Der Bulle verfolgt den Bullen

Ein Beamter der Schweizer Drogenfahndung suchte einen Bauernhof im Berner Oberland auf und sprach mit dem alten Bauern: „Ich muss Ihren Hof auf Drogenanbau inspizieren. Ein anonymer Tipp deutet daraufhin, dass hier irgendwo in der Gegend illegal Hanf angebaut wird." Der alte Bauer schien dies überhaupt nicht zu beunruhigen und meint bloß: „Kein Problem. Schauen Sie sich ruhig überall um – nur nicht auf dem Feld hinter den Getreidesilos." Augenblicklich stieg dem Polizisten die Zornesröte ins Gesicht, seine Adern auf der Stirn traten hervor und er presste über seine blutleeren Lippen: „Ich bin in der Autorität des Schweizer Staates hier!" Er griff in seine Brusttasche und hielt dem Bauern seine Dienstmarke direkt unter die Nase. „Sehen sie diese Marke? Dies bedeutet, dass ich autorisiert bin, *überall* hinzugehen, wohin *ich* will. Da können Sie sagen, was Sie wollen! Hab ich mich klar und deutlich ausgedrückt?!"

Der Bauer kaute unbeeindruckt weiter an einem Grashalm, nickte knapp, brummelte so etwas wie eine Entschuldigung und begann dann, mit einem Gabelschlüssel an seinem Traktor rumzufummeln, während der Beamte sich mit immer noch glühend roten Ohren in Richtung der Silos verdrückte.

Kurze Zeit später hörte der Bauer einen markdurchdringenden Schrei. Er schaute auf und sah den Drogenfahnder um sein Leben sprinten, dicht gefolgt vom riesigen und furchterregend schnaubenden Stier Toni. Mit jedem Schritt kam der hintere Bulle dem vorderen „Bullen" ein wenig näher, und es war klar, dass Toni den Fahnder auf die Hörner kriegt, bevor der den rettenden Zaun erreicht haben würde. Der Fahnder schrie um sein Leben. Der Bauer legte sein Werkzeug zur Seite und schlenderte gemütlich in Richtung Zaun. Bei dem Polizisten keimte nun Hoffnung auf, da er sich dachte, dass der Bauer ja bestimmt einen Trick kennen würde, mit dem er seinen Stier zum Halten bringen konnte. Und genau so war es auch. Als der Bauer beim Zaun ankam, stützte er sich auf das oberste Brett, lehnte sich mit dem Oberkörper nach vorne und rief: „Ihre Marke, zeigen Sie ihm Ihre Marke!!!"

Es sitzt tief in uns drin, dass wir uns gegen weise Ratschläge und Regeln auflehnen und selbst den King spielen wollen – wie der Polizist in der Geschichte. Wir leben auf einem Planeten, den Gott besser kennt als wir, weil er ihn geschaffen hat. Auch weiß er viel besser als wir, wo es im Leben gefährlich und unangenehm für uns werden kann, weil er weiß, wo die Stiere stehen. Aber immer wieder gibt es Bereiche, wo wir ihm einfach nicht glauben wollen. Er hat die gefährlichen Wiesen in der Bibel ganz klar gekennzeichnet, aber wir stapfen einfach drauflos, weil wir glauben, dass Gott genau dort die Dinge versteckt hat, nach denen wir so eifrig suchen. Die Geschichte endet meist damit, dass uns irgendein Stier die Hörner an den Hintern setzt. Du kannst das im Bereich „Suchtmittel" erleben, im Bereich „Umgang mit Menschen", im Bereich „Stolz", im Bereich „Sex" ... Wenn du nicht auf den weisen Bauern hörst, kannst du dir heftig wehtun.

Genau so, wie wir manchmal gegen Gottes Anweisungen in der Bibel rebellieren, kämpfen wir bisweilen auch gegen Eltern und Lehrer oder andere Autoritäten, weil wir davon überzeugt sind, dass wir das dürfen und ein Recht dazu haben. Aber wir gewinnen im Leben nicht damit, dass wir jemandem unsere Marke unter die Nase halten und sagen:

„Ich darf das, ich bin doch kein Kind mehr!" Oder: „Du hast mir nichts mehr zu sagen, ich bin jetzt 18!" Oder auch: „Du hast doch bloß langweilige Theologie studiert, was hast du schon für eine Ahnung von meinem Leben?"

Gott hat Autoritäten und Hierarchien in unser Leben gesetzt – aber wenn damit kein Missbrauch betrieben wird, dann unterdrücken Autoritäten uns nicht, sondern geben uns die Struktur für ein gelingendes Leben. In den turbulenten Jugendjahren kann es manchmal schwer sein, Autoritäten zu akzeptieren, weil du in der Zeit des Erwachsenwerdens vieles hinterfragst – und das ist auch gut so. Aber du solltest nicht alle Grenzen in deinem Leben ignorieren, nur weil sie dir gerade als unsinnig erscheinen. Es wird uns tatsächlich zu einem Segen werden, wenn wir uns den Menschen unterordnen, die uns Gott vorgesetzt hat. Er hat in einem der Zehn Gebote gesagt: „Ehre deinen Vater und deine Mutter. Dann wirst du lange in dem Land leben, das der Herr, dein Gott, dir geben wird" (2. Mose 20,12; NL). Es ist das einzige Gebot, das mit einem Versprechen verknüpft ist. Mit „ehren" meinte er aber nicht: „Ehre sie nur dann, wenn sie es mal grade eben verdient haben." Oder: „Ehre deine Eltern nur, wenn du wirklich total nette Eltern hast, die alles im Leben sauber auf die Reihe kriegen." Nein. Er hat gesagt, du sollst sie ehren, weil sie deine Eltern sind. Jesus selber hat sich auch völlig unter die Autorität seines himmlischen Vaters gestellt und gesagt: „Dein Wille geschehe", obwohl er mit der Perspektive auf seinen bevorstehenden Tod auch lieber einen angenehmen und weniger schmerzhaften Plan B gehabt hätte. Deine Eltern zu achten, bedeutet natürlich überhaupt nicht, dass du immer ein und derselben Meinung wie sie sein musst. Genauso wenig bedeutet es, dass sie immer richtig liegen und alles richtig machen. Aber Gott verspricht uns Gutes, wenn wir die Menschen ehren, die er uns vorgesetzt hat. Dennoch gilt bei allen Autoritäten in unserem Leben: „Man muss Gott mehr gehorchen als den Menschen" (Apostelgeschichte 5,29; LUT). Seine Gebote stehen über allen von Menschen gemachten Anweisungen und Gesetzen. Wenn also dein Chemielehrer von dir verlangt, über das Wochenende dein Schulhaus in die Luft zu sprengen, kannst du davon ausgehen, dass das eher nicht Gottes Plan ist. (Auch wenn du auf unerklärliche Weise eine unglaubliche Motivation verspürst, dies zu tun ...)

Ihr Kinder sollt euren Eltern gehorchen, weil ihr dem Herrn gehört, denn so handelt ihr richtig. „Ihr sollt Vater und Mutter ehren." Das ist das erste der Gebote, an das eine Zusage Gottes geknüpft ist: Wenn du deinen Vater und deine Mutter ehrst, „wird es dir gut gehen und du wirst ein langes Leben haben."

Epheser 6,1–3 (NL)

 Anstatt dich immer wieder an deinen Eltern, an Lehrern, Politikern, Trainern, Leitern etc. zu reiben, kannst du anfangen, für sie zu beten. Sie zu segnen, das heißt, ihnen Gutes zu wünschen und das auszusprechen. Es wird sich über kurz oder lang etwas verändern. Und wenn es „nur" deine Herzenshaltung ist!

 Mach dir eine Liste mit all den Menschen, die in irgendeinem Bereich deines Lebens eine Leitungsfunktion haben. Wo hast du Autorität negativ erlebt? Wo hast du davon profitiert? Probier mal die „Gebetsmassage" aus und knete alle deine Leiter dabei richtig durch. Häng dir den Zettel über das Bett und bete in den nächsten zwei Wochen vor dem Einschlafen für sie. Das kann ganz kurz sein: „Im Namen von Jesus segne ich Daniel, Herrn Maurer, Frau Schmalz, Mama …"

 Römer 13,1–3; Epheser 6,1–8; Titus 3,1–2; 1. Petrus 2,13–17

50. Andreas Boppart
hat dich angestupst

Ein Freund von mir, der wie ich Lehrer war, benutzte im Unterricht oft seinen Laptop mit Beamer. Eines schönen Tages ploppte völlig unerwartet via Skype auf dem Bildschirm eine Nachricht auf. Dem verdatterten Kollegen war zu diesem Zeitpunkt gar nicht bewusst gewesen, dass er online war! Seiner Frau, von der die Nachricht kam, war auch nicht bewusst gewesen, dass sich ihr Ehemann nicht in der Pause aufhielt, sondern sich noch mitten im Unterricht befand. Somit starrte nicht nur er, sondern mit ihm die ganze Klasse gebannt auf den Text, der auf dem Beamerbild aufgetauchte. Der rasch erbleichende Lehrerkollege und seine Schulklasse bekamen in etwa folgende Worte zu lesen: „Hey, mein Liebster! Wünsche dir einen megaguten Tag. Freue mich auf heute Abend. Dann haben wir endlich wieder einmal Zeit zum ..." Allerspätestens beim Stichwort „heute Abend" müssen ihm die Beine fast eingeknickt sein. Er versuchte mit einem verzweifelten Hechtsprung zur Tastatur den Bildschirm auszuschalten, um die sich gerade anbahnende, peinliche Tragödie in letzter Sekunde zu verhindern. Mit angehaltenem Atem las er, wie seine Frau den Satz nur Augenblicke später für alle sichtbar vollendete: „... quatschen." Man darf sich gar nicht ausmalen, was da alles noch so hätte stehen können!

Das Internet und all die neuen Medien bringen gewaltige Vorteile mit sich, ganz klar. Total wichtig ist aber, dass wir uns genau überlegen, wie wir mit den Medien umgehen. Denn sonst kann es ziemlich unangenehme Folgen haben. Wenn du via Social-Portal all deine peinlichsten Fotos hochlädst, um deine Mitschüler zu beeindrucken, wirst du vielleicht zum Klick-Millionär werden. Aber möglicherweise kriegst du dann auch nur noch Absagen auf deine Bewerbungen. Manchmal behaupten Menschen, das Internet sei einfach schlecht. Das stimmt nicht – es gibt ganz viele Dinge im Internet, die überhaupt nicht schlecht sind. Und viele technische Errungenschaften der letzten Jahre eröffnen uns gewaltige Möglichkeiten. Die Frage ist immer, wie wir damit umgehen. Es käme ja auch niemanden in den Sinn zu behaupten, dass ein Brotmesser etwas absolut Schlimmes ist, von dem man unbedingt die Finger lassen sollte. Ein Brotmesser im Haushalt ist total hilfreich – aber ich kann damit natürlich auch jemandem einen Finger abschneiden. Auch Salz im Essen ist was Superfeines – kann aber in einer zu hohen Dosis tödlich sein. Die Frage ist also stets, wie wir mit den Dingen umgehen. Wir haben im Gegensatz zu den Menschen, die früher gelebt haben, Zugang zu einem gewaltigen Schatz an Wissen. Aber dafür ist es heute schwerer, das Wahre von Halbwahrheiten zu unterscheiden. Da hilft es, Dinge nicht einfach blind zu übernehmen, sondern immer auch die Quelle zu studieren. Denn man kann einer ganzen Welt ziemlich leicht glauben machen, dass etwas geschehen ist, das in Wirklichkeit gar nicht so stattgefunden hat. Und man kriegt es dann fast nicht mehr raus aus dem Netz – sodass jedes Jahr wieder dieselben Fake-Meldungen über Kinder kursieren, für die man jetzt Knochenmark spenden müsste. Via Internet kannst du dich als Junge auch ganz einfach in eine toll aussehende 18-jährige Brünette verlieben, die anscheinend total an dir interessiert ist – aber in Wahrheit steckt hinter dem hübschen Profil ein dickbäuchiger 74-jähriger, der weder jugendlich-frisch aussieht noch Haar auf dem Kopf hat.

Facebook und andere Social-Plattformen können dir helfen, mit Menschen im Kontakt zu bleiben. Aber du solltest dich nicht von der Anzahl deiner Freunde, die du dort triffst, täuschen lassen. Denn das Internet spiegelt nicht das wahre Leben wieder, sondern baut eine Parallelwelt auf. Dort ist nicht etwa alles unecht oder falsch, – aber doch oft ein wenig verzerrt. Oder läufst du etwa durch dein Schulhaus, stupst wahllos Leute an und sagst: „Andreas Boppart hat dich angestupst"? Vielleicht hilft das Internet dir, dich auch mal per E-Mail oder „face to face" mit jemandem auszutauschen, weil du auf diesem Weg einfach die besseren Worte findest, als wenn du der Person direkt gegenüber stehst. Mach dir immer mal wieder bewusst, dass das Web niemals dein echtes Leben widerspiegeln wird. Vor allem aber wird es dir nie ersetzen können, zu Menschen echte und tiefe Freundschaften aufzubauen. Ich hatte meine Frau Tamara dank Chat und E-Mail super kennengelernt. Wir konnten am Abend nicht mehr allzu spät telefonieren, also setzen wir uns einfach in einen privaten Chatraum und tauschten uns über alles Mögliche aus. Aber sie dann direkt vor mir zu haben und ihr beim Reden ins Gesicht zu schauen, einander mal Händchen zu halten – all das konnte und kann mir das Internet nicht ersetzen. Wir werden uns in der Ehe auch nicht nebeneinander ins Bett legen und uns per Twitter noch rasch mitteilen, wie es uns geht, um uns dann per Facebook Gutenacht zu wünschen und uns via WhatsApp einen virtuellen Schmatzer auf die Wangen zu drücken ...

Entdecke das Potenzial des Internets und nutze es, um deine Freundschaften zu erhalten und zu vertiefen. Für mich mit meinem schlechten Namensgedächtnis ist Facebook einfach genial. Auch Google ist für mich ziemlich praktisch und löst mir viele Probleme. Aber das Internet hat auch Grenzen. Google weiß nicht alles. Oder spuckt mir auch mal was Falsches aus.

Stell die wirklich wichtigen Fragen nicht Google, sondern Gott. Starr bei den wirklich wichtigen Gesprächen nicht auf einen Bildschirm, sondern guck in zwei reale Augen. Umarm bei einem Anflug von Bedürfnis nach Nähe nicht deine Tastatur, sondern besuch einen Freund aus Fleisch und Blut. Und überleg dir immer gut, was du wie und wo mit wem teilen möchtest. Investier in echte Freundschaften – dann wirst du Menschen um dich haben, die dich nicht nur via Facebook anstupsen, wenn alles in deinem Leben gerade zusammenbricht, sondern bei dir auf der Schwelle stehen und dich in die Arme nehmen. Bei Facebook wird es bestimmt ein paar tolle „Freunde" geben, die noch auf „Gefällt mir" klicken, wenn du schreibst, dass dir gerade was Schlimmes passiert ist!

Alles ist erlaubt, aber nicht alles dient zum Guten. Alles ist erlaubt, aber nicht alles baut auf.

1. Korinther 10,23 (LUT)

 Überleg dir gut, was du im Internet veröffentlichst, und vor allem auch, wo. Facebook ist bestimmt nicht der richtige Weg, deine Emotionen über den doofen Lehrer, oder den Mitschüler, der dir soeben einen Korb gegeben hat, rauszulassen. So wie eine SMS nicht der beste Weg ist, dem Chef zu sagen, dass man soeben einen anderen Job bekommen hat.

 Mach dir eine Liste von allen Medien und Portalen, die du benutzt, und schreib zu jedem den größten Vorteil und den größten Nachteil auf. Überleg dir dann, wie du die Vorteile ausnutzen kannst, ohne dabei die Nachteile schlucken zu müssen.

 1. Samuel 18,1–4; Sprüche 17,17; Sprüche 18,24; Sprüche 27,6

51. Dein Input bestimmt
deinen Output

Während ich an diesem Text schreibe, verschwindet ein Energy-Drink, eine halbe Packung Paprika-Chips und eine Tasse kalte Schokolade in mir. Ich weiß: Ich ernähre mich ungesund. Meine Ernährungsgewohnheiten fördern meine Gesundheit in etwa so, wie eine Gitarren-Saite den Klang einer Blockflöte. Während meiner Zeit auf dem Gymnasium ernährte ich mich zeitweise nur von demselben Pizzabrot ... was bald zu unkontrolliertem Haarausfall führte. Vitaminmangel war die Diagnose meines Hausarztes, was eigentlich niemanden in meiner Familie und meinem Freundeskreis so wirklich zu überraschen schien. Ein bisschen verbessert hat sich mein Essverhalten seither. Denn die Ziegeninnereien, die ich auf meinem Uganda-Trip zu essen bekam, haben mich doch auch dankbarer auf ein grünes Salätchen werden lassen. Und seit ich herausgefunden habe, dass 100 Gramm Paprika-Chips in etwa 80 Prozent der empfohlenen Tagesdosis an Vitamin E decken, mache ich mir nicht mehr so viele Sorgen. In der Kombination mit einem Energy-Drink täglich habe ich die Vitamine B6 und B12 gleich auch noch abgedeckt. Zugegeben: Ich war doch ziemlich erstaunt, als mein Zahnarzt bei einer Routineuntersuchung meinte, er habe bloß ein bis zwei Patienten mit so guten Beißerchen, wie ich sie habe – meine Ernährung wäre top. Vielleicht hat der Mix aus Chips-, Energy-Drink-, Schokoladen- und Mundgeruch aber auch einfach nur kurzfristig seine Denkzentrale benebelt und außer Gefecht gesetzt, wer weiß.

In den letzten Jahren ist tatsächlich viel geschehen und ich esse schon viel gesünder als früher, aber trotzdem ist klar: Ich wäre immer noch der Falsche, um dir zu erklären, wie man sich am gesündesten ernährt. Muss ich auch nicht, denn schließlich schreib ich kein Kochbuch für Leute, die die 100-Jahre-Grenze knacken wollen. Eines weiß ich jedoch: Auch gesunde Ernährung allein reicht nicht, um wirklich gesund zu bleiben (was nicht heißt, dass man es nicht tun soll!). Jesus zitierte in einer Unterhaltung mal eine Stelle aus dem Alten Testament, in der es heißt: „Der Mensch lebt nicht nur von Brot, sondern von jedem Wort, das aus Gottes Mund kommt" (Matthäus 4,4; NGÜ). Das heißt: Wer gesund leben will, sollte sich regelmäßig von diesem gesunden Brot ernähren. Und vielleicht ab und zu eine Visite bei dem einschieben, der von sich sagt, er sei unser Arzt (steht so in 2. Mose 15,26). Bei ihm kann man übrigens auch mal anklopfen, wenn man nicht krank ist ...

Die Bibel stellt uns hinsichtlich unseres geistlichen Gesundheitszustands eine Diagnose, die für jeden von uns zutreffend ist: Aus uns kommt das raus, was in unserem Herzen drin ist. Und in unseren Herzen ist das drin, was wir da vorher reingelassen haben (lies mal Matthäus 12,35).

Was in deinem Herzen ist, das drückt sich auch an die Oberfläche. Was nimmst du täglich zu dir? Bei der Frage geht es herzlich wenig ums Essen, sondern um die Nahrung für deine Seele. Wenn dein ganzer Alltag von Sorgen und negativen Gedanken geprägt ist, musst du dich nicht wundern, wenn du krank wirst und dein Reden bei anderen Sorgen und negative Gefühle auslöst. Wenn du dir immer und immer wieder destruktive Musik anhörst, musst du dich nicht wundern, wenn du schlecht gelaunt und mies drauf bist.

Achte also auf deinen Input. Denn der bestimmt deinen Output! Willst du sehen, wie Menschen, wenn sie dir begegnen, ermutigt werden und positive Gefühle kriegen? Dann füll dein Herz bis zum Überfließen mit positiven Worten und Gedanken. Vor allem mit guten Gedanken, die Gott über dich denkt. Und mach dicht, wenn Negatives an deine Herzenstür klopft!

Ein guter Mensch bringt Gutes hervor, weil sein Herz mit Gutem erfüllt ist. Ein böser Mensch dagegen bringt Böses hervor, weil sein Herz mit Bösem erfüllt ist.

Matthäus 12,35 (NGÜ)

 Wie viele Male hast du gestern oder heute bewusst oder unbewusst irgendwas Schlechtes an dich rangelassen? Was davon ist vielleicht schon bis zu deinem Herzen vorgedrungen? Schlechte Gedanken über Menschen, schlechte Inhalte im Internet, schlechte Gespräche über andere? Spül das alles den Abfluss runter, und bitte Gott, den freigewordenen Platz mit Gutem zu ersetzen.

 Schreib deinen besten Freunden eine SMS und frag sie, was sie an dir am meisten schätzen. Dann hol dir was Superfeines (und Gesundes!) zu essen, schmeiß dich aufs Bett und nimm all die guten Sachen in dich auf – das Essen wie auch die Antworten!

 Matthäus 12,33–35; Matthäus 15,16–20; Johannes 6,53–57

52. Den Schatten abschütteln

Hast du auch schon mal versucht, beim Auspacken eines Pakets, in dem sich Verpackungsmaterial aus Styropor befand, eines dieser elektrisch geladenen Styroporteilchen wieder von den Fingern wegzukriegen? Was für hartnäckiges Zeug das auch ist! Du kannst schütteln, wie du willst: Es fällt einfach nicht ab, sondern verschiebt sich lediglich ein bisschen auf der Haut. Es gibt auch so kleine Plastikschnipsel, die ebenso „anhänglich" sind. Die treiben mich fast zur Weißglut, wenn ich die Hand gedankenverloren über dem Mülleimer ausschüttle, und erst beim Weglaufen merke, dass das Ding immer noch an mir klebt. Und ich krieg's nicht weg! Also lauf ich zurück, versuch's noch einmal ein wenig energischer, schlag mir womöglich noch die Knöchel wund. Aber das Teilchen ist stur. Es will und will nicht von mir loslassen. Ich fühle mich fast so wie die Frau, die ihren Schatten loswerden wollte. An einem wunderschönen, heißen Sommertag realisierte sie, dass sie vor sich auf den Weg einen langen Schatten warf. Das heißt, sie checkte gar nicht, dass es ihr Schatten war, sondern sie dachte, ein dunkler Wicht wolle sie bedrohen. Sie versuchte alles, um diesen Wicht abzuschütteln. Sie rannte, sie duckte sich, sie sprang in die Luft und steckte den Kopf über eine Minute lang in den Sand des Sandkastens – alles nützte nichts. Als sie prustend wieder auftauchte, klebte der Kerl immer noch vor ihr am Boden. Da kam ihr die zündende Idee: Sie drehte sich in die Sonne. Und weg war er! Vor ihr lag die vom Sonnenlicht überflutete Straße und sie zog fröhlich ihres Weges.

Genauso funktioniert es auch im richtigen Leben: Wenn du merkst, dass vor dir etwas Dunkles auftaucht – etwa eine Krankheit, ein Berg voller Sorgen oder ein Streit –, dann dreh dich zur Sonne. Dreh dich ins Licht. Dreh dich hin zu dem, der von sich sagt „Ich bin das Licht der Welt" (Johannes 8,12; LUT). Wenn du nicht willst, dass die Schatten dein Leben bestimmen, dann musst du im Leben auf Jesus schauen. Versuche herauszufinden, wohin er mit dir gehen möchte. Was er über dein Leben denkt, welchen Weg er dir leuchtet. Und richte dich zum Licht aus. Mich begeistert es immer wieder, wenn ich an Sonnenblumenfeldern vorbeikomme. Man kann sich da einen ganzen Tag lang hinsetzen und zusehen, wie die Köpfe der Sonnenblumen stets dem Lauf der Sonne folgen. Genauso möchte ich leben. Und wenn es sogar die Sonnenblumen, die ja weder Hirn noch Herz haben, hinkriegen, jeden Morgen neu wieder nach Osten zu gucken und dann dem Licht zu folgen, dann müsste es mir doch eigentlich auch gelingen.

Aber noch einmal zurück zur „Schattenfrau": Natürlich hat sie den Schatten nicht ganz weggekriegt. Er liegt ja jetzt hinter ihr. Wenn du einen Schatten wirfst, ist das der beste Beweis, dass du im Licht unterwegs bist! Deshalb: Schau nicht ängstlich auf den Schatten, sondern dreh deine Birne ins Licht!

Ein anderes Mal, als Jesus zu den Leuten sprach, sagte er: „Ich bin das Licht der Welt. Wer mir nachfolgt, wird nicht mehr in der Finsternis umherirren, sondern wird das Licht des Lebens haben."

Johannes 8,12 (NGÜ)

Von welchen Schatten fühlst du dich gerade bedroht? Welchen Bereich deines Lebens müsstest du wieder ins Licht drehen? Welche Sachen müsstest du mal ans Licht bringen? Was kann dir helfen, dich zum Licht zu drehen – hin zu Jesus?

Schmeiß dich an einem sonnigen Tag mit der Sonnenbrille auf ein flauschiges, ungestörtes Plätzchen, studiere die Wolken, die über dich hinwegziehen, und bring alles, was dich gerade beschäftigt – Sorgen, Ängste, Probleme und auch die dunklen Stellen deines Herzens, die du vielleicht am liebsten im Dunkeln lassen willst, ans Licht. Erstaunlich, was schon eine Viertelstunde Licht ausmachen kann! Natürlich kannst du auch bei Regenwetter eine „Lichtkur" machen – mit einer Taschenlampe unter der Bettdecke.

Psalm 89,16; Jesaja 2,5; Matthäus 5,14–16; Epheser 5,8–14; 1. Johannes 1,5–7

*Ich danke Nadja, Tamara, Jonathan, Peter, Sam
und meiner wundervollen Frau Tamara,
die zum Entstehen dieses Buches beigetragen haben.*

Themenverzeichnis der Andachten

Storys aus dem wahren Leben.

Jesus, Glauben, Beten ... Alles schön und gut. Aber wo ist
die Bedeutung für das Leben im Hier und Jetzt? Antwort
darauf geben Menschen, die ihre Geschichte zu diesem Buch
beigesteuert haben. Denn sie alle konnten erleben: Gott ist da.
Er schickt kleine und manchmal auch größere Wunder. Und er
erhört Gebete.

Fest steht: Was Gott im Leben anderer tut, dass kann er auch
in deinem tun. Vielleicht findest du dich ja in der einen oder
anderen Geschichte wieder. Lass dich durch die Erlebnisse
anderer Menschen ermutigen. Mach dich auf die Suche nach
Gott. Nimm ihn beim Wort. Da ist einer, der mit dir durch dick
und dünn geht.

Verena Keil (Hrsg.) · Chillen mit Jesus
Wahre Storys für Teens.
Taschenbuch · 160 Seiten · ISBN 978-3-86591-675-4